もうひとつの
日米戦後史

原爆投下から始まった欺瞞に満ちた戦後史

オリバー・ストーン　鳩山友紀夫
ピーター・カズニック　木村朗

JN114856

詩想社
— 新書 —

This Japanese edition published by arrangement
directly with the author and
Secret History, LLC c/o Creative Artists Agency,
New York acting in conjunction with
Intercontinental Literary Agency Ltd, London
through Tuttle-Mori Agency, Inc., Tokyo

まえがき

鳩山友紀夫

みなさんはこの本を手にとって読んでいただけたら、とてもびっくりすることでしょう。なぜなら、あなたはこの本から、いままで理解していたアメリカとはまったく違うアメリカを発見するでしょうから。それは当然日本人の私たちにも大きな影響を与えることになります。そしてどんな日米関係であるべきかを考えるヒントを与えてくれるでしょう。

私たちは氾濫する情報のなかで生きています。その膨大な情報を多くの日本人は鵜呑みにしがちで、特に大手メディアの情報を信用する傾向があります。しかし大手メディアは往々にして政権の意向を忖度し、政権は往々にして米国の意向を忖度します。その結果、私たちが見聞きする情報は米国のフィルターを通したものが多く、外交問題など米国側に立った情報が目につくことになります。

例えば、米露が争うときには、時の大統領がオバマであれトランプであれ、彼らが正しく、プーチン大統領のほうが間違っているように報じられます。その最たるものがクリミアのロシアへの編入問題です。多くの日本人はウクライナの領土であるクリミアをロシアが武力で奪ったと信じているのではないでしょうか。しかし事実はまったくそうではないのです。ウクライナの親露派の大統領を米国が陰謀をこらして追い払い、親欧米派の大統領を誕生させたことに不安を感じたクリミアの人々が、住民投票でロシアへの帰属を決めたのです。決してロシア軍が強制して投票させたわけではありませんし、ロシア軍はただの一発も銃を使いませんでした。日本政府がそのことを理解していれば、アメリカが要求したロシアへの制裁に、中国や韓国と同じように日本も加わらなかったでしょうし、北方領土問題ももっと解決に向けて進んでいたでしょう。米中関係も似たり寄ったりです。日本の大手メディアは米国寄りの報道をしますので、中国嫌いの日本人がますます増えてしまうのです。

オリバー・ストーン監督もピーター・カズニック教授もアメリカ人です。アメリカ人で真実のアメリカを、もうひとつのアメリカを伝えようとすることは、とても勇気のいる仕事です。その意味でこの二人には心から敬意と感謝を申し上げます。

歴史を一方向だけから眺めるのでなく、反対の方向からも眺める勇気をもって、歴史の真実を学ぶことはとても大事なことです。特に世界一の軍事力を有しているアメリカですから、軍産複合体の癒着に染まっている状況のなかで、そこから抜け出そうとするには、たいへんな抵抗を受けることは間違いありません。二人は映像や書物や知識の力によって、その抵抗と真っ向から勝負を試みているのです。尊敬せずにはいられません。

特に面白かったのはヘンリー・ウォレスという人物を通して見るアメリカ像です。私は浅学ゆえヘンリー・ウォレスのことを存じていませんでした。彼はフランクリン・ルーズベルト大統領の副大統領として信頼を得ており、国民的にも圧倒的な人気がありました。体調を崩していたルーズベルト大統領の4期目の副大統領は実質的に大統領となる人物を選ぶことになります。そこで、進歩的なウォレスが大統領になることを嫌った党幹部が、何でも言うことを聞くトルーマンを選んだのです。そしてトルーマン大統領の下で、日本への原爆投下が行われ、冷戦がスタートしたのです。

もしトルーマンではなく、ウォレスが大統領になっていたら、戦争末期に日本への原爆投下はなかったであろう。さらに米ソの冷戦もなかったのではないかとカズニック教授は語ります。それに対して、オリバー・ストーン監督はウォレス大統領が実現していたとしても、はたして歴史は変わっていただろうかと、やや懐疑的です。いくらウォレスが進歩的で、本人が原爆投下に反対しても、そのとおりになったとは限らない。なぜなら、アメリカはディープ・ステート、すなわち闇の政府が実権を握っているからというのがその理由です。ディープ・ステートとは軍産複合体の力に乗っかった人たちとも言えるでしょう。カズニック教授は、いや人間の資質は重要だと切り返します。歴史の針を戻すことはできませんから、どちらが正しいかはわかりません。でもこの議論は決して過去のものと切り捨ててはいけません。

私はトランプ大統領を手放しで評価するつもりはありません。オバマ大統領の下で苦労して成立させた気候変動問題に関するパリ協定を勝手に離脱すると述べたり、欧米とイランとの間の核合意をこれまた離脱したことはまったく評価できません。しかしながら、トランプ大統領はビジネスマンであり、武器を売ることには関心があっても、戦争を遂行することには否定的であり、北朝鮮問題も武力の行使ではなく、ディープ・ステートを抑えながら、金正恩委員長との対話によって解決する意欲をもっていました。現在は大統領選挙を間近にして言動が控えられていますが、トランプ大統領は過去にとらわれないだけ、ディープ・ステートと戦う意思をもち得る人物ではないかと期待するのです。ただ、このことに関しても二人は否定的です。ストーン監督もカズニック教授もトランプ大統領に最初は期待したけれど、結局は非常に軍隊が好きで派兵も増やしていると断じています。

次の米国大統領が誰になるにせよ、ディープ・ステートと戦う人物であるか否かによって、日米関係が、すなわち日本の未来が大きく変化するのです。ディープ・ステートと戦う大統領が現れて、例えば米朝の間に平和条約の機運が醸成されたら、東アジアにおける脅威、緊張関係が大きく改善されて、在日米軍や駐韓米軍基地は大幅に縮小・撤退が可能となります。米国に多額のお金を払って大量のステルス戦闘機Ｆ35や、未完成の陸上配備型弾道ミサイル防衛システム、イージス・アショアを購入する必要もなくなります。そうなれば貴重な国民の税金を軍事に回すのではなく、社会保障などに使うことも可能になるのです。

ただ残念ながら日本の政治は米国の意向を忖度する政治に堕してしまっています。米国大統領が誰になっても、日本の指導者はその大統領の顔色を見ながら、彼に気に入られようと仕事をしています。日本が米国の真の友人であるのならば、アメリカが道を踏み外したら、正しい道に戻るように諭すのが務めではないでしょうか。そのような指導者が日本に現れることを望むのは無理なのでしょうか。強い反省の思いを込めて。

もうひとつの日米戦後史◎目次

第1章

原爆投下から始まったアメリカ欺瞞大国化の歴史

オリバー・ストーン×ピーター・カズニック×木村朗

第2章

第二次大戦、冷戦……刷り込まれたアメリカの正義

鳩山友紀夫×木村朗

目次

第4章 他国への干渉を続ける「アメリカ例外主義」の時代

オリバー・ストーン×ピーター・カズニック×木村朗

通訳：乗松聡子　与那覇恵子
著者写真撮影：ヒロタノリト
校正：萩原企画
本文写真提供：21頁、27頁 GRANGER.COM/ アフロ
23頁、42頁、47頁、58頁、60頁、62頁 AP/ アフロ
29頁、39頁 Science Source/ アフロ
36頁 Ullstein bild / アフロ
43頁 アフロ
53頁 Everett Collection / アフロ
78頁 Hiroshima Peace Memorial Museum/U.S.Army/AP/ アフロ
86頁 代表撮影 /AP/ アフロ
88頁、123頁 近現代 PL/ アフロ
154頁 ロイター / アフロ

第1章

原爆投下から始まった
アメリカ欺瞞大国化の歴史

オリバー・ストーン×ピーター・カズニック×木村朗

常識を覆した
『もうひとつのアメリカ史』

木村　大学で歴史学を教えておられるピーターさんの講義に、ゲストとしてオリバー・ストーン監督が招かれ、それがきっかけで、お二人でドキュメンタリーや本を制作するようになったと聞いています。『オリバー・ストーンが語るもうひとつのアメリカ史1〜3』（早川書房）もそういった経緯で生まれた本ですね。

オリバー　最初にやった仕事は、ドキュメンタリー映像の制作です。本に着手したのは『ニクソン』や『JFK』等、歴史を扱った映画で、歴史学的な信憑性がないと、ものすごく攻撃された経験があるからです。このドキュメンタリーをつくるときも、また、その点を攻撃されるのではないかという恐怖感があって、学問的にしっかりした資料や証拠を含んだ本をつくることで、防衛しようと考えました。私は

オリバー・ストーン監督（左）とピーター・カズニック教授

歴史は好きですが、かといって大学で歴史学を学んだわけではなく、ピーターのクラスを通して彼に教えてもらったようなものです。ですから、私たちはファクト・チェック（事実確認）もしなければならなかったのです。

そうやってしっかりと準備をしましたが、結局、攻撃されることになってしまいました。いちばんきつい攻撃はプリンストン大学の……。

ピーター　ショーン・ウィレッツね。

オリバー　ピーター、君は彼の批判には答えなかったよね。

ピーター　いや、答えたよ。実際やりとりをしたがために、彼の罠にはまってやられてしまったんだよ。ニューヨーク・レビュー本で。かなり攻撃されて、あのあと、僕もかなり利口になりました。

オリバー　私も映画『ＪＦＫ』では、かなり攻撃されたからね。いつも攻撃するんだけど、彼の基本的攻撃対象は、ヘンリー・ウォレスだったよ。批判者の批判のほとんどはヘンリー・ウォレスに関するものでした。

ピーター　ヘンリー・ウォレスに関して、我々が作品に含まなかった事実について攻撃されました。１９４５年初め、ウォレスはルーズベルトの指示で、ソ連のシベリア強制収容所を訪ねたのですが、そこで彼が見聞したことはすべてつくり上げられたもので、事実を隠蔽した偽物だったのです。しかし、だまされたのは彼だけでなく、軍関係者や中国専門家、ロシア専門家など多くの人たちが同じようにだまされました。彼だけでなく、そこにいたみんなが、本物と信じ込まされました。

ただ、我々はそのことをあまり作品に入れなかったのです。実際、その点について言及はしていますが、あまり焦点を当てていないので、それが批判する人たちにとっては不満なのです。

オリバー　もうひとつ、この『もうひとつのアメリカ史』で、非常に批判されたのが、ウォレスに加えて、スターリンの扱いでした。右翼の人たちは、「スターリンはヒトラーよりもひどい独裁主義者だったにもかかわらず、この本ではスターリンを戦争指導者として評価している」と非常に批判したのです。でもこの本でも、スターリンを酷評している部分があります。実際、批判をする人たちはきちんと我々の本を読んでいないのです。

木村　スターリンの評価に対する批判は、いまのプーチンの評価に対する批判と重なりますね。

アメリカの良心だった
ヘンリー・ウォレスという人物

木村　『もうひとつのアメリカ史』において、お二人がヘンリー・ウォレスという人物を再発掘したということが、とても大きな意味があると思っています。ヘンリー・ウォレスという方は、アメリカ人にとって、良心と言われるような存在とみられていますが、実際にどのような人物であったのか。そして、もしヘンリー・ウォレスが、あのとき[*注1]副大統領候補になり、ルーズベルト大統領が亡くなったあと、トルーマンではなく大統領になっていたら、原爆投下も冷戦もはたしてなかったのか。その問題について、どのように思われていますか。

ピーター　ヘンリー・ウォレスという人はアメリカ人としてはユニークな人物でした。彼は中西部出身です。アメリカの中西部というのは、１９００年代の前半は、先進的な思考をたくさん生んだわけです。リベラルな人たちがたくさんいました。大衆運動、社会主義的な運動が、１９００年代初めから１９２０年代ぐらいに、この中西部を中心に生まれ、広がっていきました。

ヘンリー・ウォレスの父親もそういった人のひとりでした。この地で起こった先進的な運動は、主に農業従事者が中心になっていました。例えば１９２０年にマクナリー・ホーガン農場救済法案というものができていますが、それが代表的な法律です。鉄道などの交通一般、公共サービスの国有化が進められていました。だから社会主義的政策が、そこから主張されていったということなのです。ウォレスの父親自身も、１９２０年代に農業相、農水大臣のような存在で、ヘンリー・ウォレス自

ヘンリー・ウォレス（1888～1965年）
33代アメリカ合衆国副大統領（1941～45年）。アメリカ合衆国農務長官（1933～40年）、アメリカ合衆国商務長官（1945～46年）を歴任した

身もアフリカ系アメリカ人の科学者から教えを受けたりしていて、当時としては非常に珍しい進歩的な人でした。

ウォレス自身も1930年代に農業相を務め、ニューディール政策にもかかわっています。だからそういう先進的思考の系譜みたいなものが、中西部にあったというわけです。それを代表する人物が、ヘンリー・ウォレスです。

オリバー　いまのピーターの説明は、的確です。日本の映画『七人の侍』のことを話したようなものです。あの映画もやはり、普通の農民が立ち上がるシナリオでした。これはなかなか見落としがちな観点ですが、日本でも農民が立ち上がった、農民が民主主義を訴えたということがあったと思います。そのアメリカ版です。これは非常に興味深い重要な観点で、人々はあまりそれをわかっていませんね。

ピーター　ヘンリー・ウォレスは、ルーズベルト政権内の反ファシズムをリードしていた人なのです。それで1930年代後半には、リベラルな科学者たちとも共同して、人種差別反対運動もやっていました。

1940年になったときに、ルーズベルトが三期目に立候補するというときも、

フランクリン・ルーズベルト大統領（左）とヘンリー・ウォレス副大統領

これから反ファシズム戦争が始まるのはわかっていましたから、反ファシズム路線で進歩的なヘンリー・ウォレスを、ルーズベルトはもう1回、副大統領として起用したかったわけです。しかしそこに、ヘンリー・ウォレスを進歩的すぎるとして嫌う人たちがいて邪魔をしようとしていました。そのため、ルーズベルトはそのときにとても有名な手紙を書いています。ヘンリー・ウォレスを起用して、ファシズムと闘うということでなければ、自分自身も再選、出馬はしないという内容です。反ファシズムや、ヘンリー・ウォレスに対する強い思いを彼はもっていたのです。

（注1）ヘンリー・ウォレスは1944年のルーズベルト大統領の4選出馬に際して世論調査で副大統領候補者として65%の圧倒的支持を得たが（他の候補のバーンズは3%、トルーマンは2%）、党大会では当時の民主党執行部がウォレスの指名直前に党大会を一時中断し、政権ポスト提供等の裏工作による票集めなどを行って、3回目の投票でハリー・トルーマンを副大統領候補に決してウォレスの副大統領再選出を阻止した。

ヘンリー・ウォレスが大統領になっていたら原爆投下はなかったのか

木村　もし、ヘンリー・ウォレスが大統領になっていたとしたら、原爆投下も冷戦も本当になかったと考えますか。

ピーター　ウォレスは副大統領でしたが、帝国主義や独裁、貪欲、独占企業や権利の侵害などと闘う、アメリカの歴史においても非常に良識ある人物でした。１９４２年に素晴らしい演説もしています。戦後アメリカは、新しい平和や豊かさを構築すべきだという内容です。また、ファシスト的な人たちは、ウォールストリートにいる人たちを優先していて、アメリカ国民はその次だと考えていると批判もしました。

彼はアメリカの歴史において築き上げられた、進歩的な価値観を代表する人物なのです。１９４４年ルーズベルト大統領は４期目に出馬しようとしていましたが、すでに体調を崩し、それがままならぬことを党幹部も知っていました。そのため、ウォレスを副大統領から引き下ろし、よりコントロールしやすい人物に取って代えることを考えたのです。彼らがハリー・トルーマンを副大統領に選んだのは、有能であったからではなく、余計なことをせず、言うことを聞く人物だったからです。

問題はウォレスが大統領に次いで国民に人気があったことです。１９４４年７月20日に党大会が始まったとき、ギャロップが世論調査結果を発表したのですが、そのとき65％が副大統領候補としてウォレスを支持し、トルーマンは２％の支持しかなかったのです。だから、党幹部は党大会を私的に運営してウォレスが大統領になれないように仕組んだのです。

ウォレスは非常に先進的な考えをもっていて、戦後、商務長官としても、冷戦やアメリカの軍拡に反対し、１９４２年10月のマンハッタンプロジェクトが決まりそうなときのミーティングにも出ていて、非常に責任を感じていました。原爆を使わないようにトルーマンに助言するよう、科学者が頼ったのもウォレスでした。原爆投下後もすぐにそれを批判し、原爆そのものに反対しました。

政権内で、ソ連との関係改善にも努力していました。トルーマンにもそのような助言をしていました。しかしながら結局、トルーマンはそれに従うことはなかったのです。だからウォレスが本当に大統領になっていれば、原爆は絶対、使わなかったろうと考えます。冷戦についても、たぶん始めていなかったでしょう。トルーマンに対しても、核兵器をもち、世界各地に基地をもつアメリカが、ソ連を脅威として敵視する必要はないと関係改善をずっと助言していました。

彼が大統領になっていたら、ケネディのように暗殺されたかどうか、それはわかりませんが、政権内の誰よりも彼は革新的な人でした。

オリバー　しかし、そこには少

ハリー・トルーマン（1884～1972年）
33代アメリカ合衆国大統領（1945～53年）。ルーズベルト大統領の死を受けて1945年、副大統領から大統領に昇格

し興味深いダークな部分があります。マンハッタン計画（第二次大戦中のアメリカ、イギリス、カナダによる原子爆弾の開発・製造計画）を率いたレズリー・グローヴスという人物がいましたが、彼は非常に強硬派で、トルーマンのことをアメリカの意志決定に関われない人物だと評していました。そして、意志決定はディープ・ステート（Deep State「闇の政府」）がするのだと言っていたのです。

だからトルーマンだからというよりも、大統領が誰であったとしても、原爆投下も冷戦もあったかもしれない。トルーマンは、その既定路線に乗っかっていただけの人であって、ディープ・ステートのシステムとして、ソ連を威嚇するために、原爆は開発されていたからです。もちろんウォレスは闘ったかもしれませんが、どこまでひとりの人間が闘えたか、限界があったかもしれない。

ピーター　でも、ウォレスはグローヴスを嫌悪していて、「ファシスト」と呼んで彼と闘っていますよね。グローヴスは非常に危険な人物でした。彼はアメリカの核兵器を握っていたような人で、ウォレスはトルーマンをグローヴスから遠ざけるように努力していたのです。グローヴスは戦後も、核兵器をつくろうとする国はすべて先制攻撃しろと言うような人物でした。１９４５年12月にはソ連への核攻撃を主張したメモも書いています。

オリバー　ですから、大統領になったとしてもウォレスにとって、原爆投下を防ぐのは簡単ではなくてたいへん苦しい闘いになったでしょう。

木村　いまのトランプみたいですね。

オリバー　そう、そこがポイントです。ディープ・ステートの動きというのは、個人が何かをしたからといって、変えられるものではないのかもしれない。

レズリー・グローヴス（1896〜1970年）
アメリカ陸軍軍人。最終階級は中将。原子爆弾開発のためのマンハッタン計画を指揮した

ピーター　しかし、個人の資質というものがあります。個人の資質は非常に大きな役割を果たしていたと、私は思っています。トルーマンはウォレスに比べて、

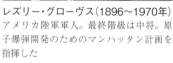

非常に知的レベルも低く、流されやすい人間で、尊敬もされていなかった人物でした。まわりがコントロールしやすい人物だったわけです。トルーマンはウォレスからいつも、外交でも核政策でも何でも助言をもらっていたのです。彼はただ従うだけの人物でしたが、ウォレスは知識もあったし、品格もあったし、闘うことができる人物でした。だから、信条をもっていたウォレスが大統領だったら、もっと成功したことがあっただろうし、もっと闘ったと思います。

オリバー　グローヴスはソ連を敵視していました。この我々の3年間のプロジェクトの基底には、ソ連を敵国ととらえるそのような幻想はありませんでした。

先ほど触れた、大統領に影響を与えるディープ・ステートというものは、日本の官僚主義とも似ているのですが、ケネディ大統領時代にもありましたし、現在のトランプの場合にもあるわけです。

ピーター　トルーマンがもうひとり頼ったのが、ジミー・バーンズです。彼もまた、「ソ連は敵だ」と言った人物です。トルーマンは5月28日サウスカロライナ州でバーンズに会ったのですが、彼は「君はハンガリー出身じゃないのか？　ロシアをヨーロッパから追い出したくないのか」と言いました。バーンズもトルーマンにそのような方向で大きな影響を与えた人です。

日本が降伏の準備ができていることをアメリカは知っていましたが、原爆投下は実行されました。つまり、日本への原爆投下は日本を降伏させるためではなく、ソ連への警告のためであり、スターリンをはじめソ連政府はその意図を受け取りました。「アメリカは、その帝国主義を貫くためなら何でもする」というメッセージとして、ソ連は受け取ったのです。

オリバー　ピーターがいま明確に指摘したのは、アメリカのジレンマですよ。

ピーター　アメリカの例外主義終焉の始まりです。アメリカが素晴らしい国だという例外主義、その神話崩壊の始まりです。原爆投下の裏にある背景を知れば、そんな神話なんて崩れてしまいます。

オリバー　アメリカの例外主義というのは、神は我々に味方しているという考えです。危険ですよ。日本の天皇中心主義、日本のナショナリズムと似ている。ヒトラーと同じで、アメリカの例外主義というのも、それが核心です。アメリカ例外主義をここまで批判したのは、ピーターが初めてだった。いまではあちこちで、そういうことが言われるようになりましたが、それは彼のおかげです。

第二次世界大戦とは何だったのか

木村　第二次世界大戦というのは、アメリカがこれまで言ってきたのは、「ファシズムと民主主義の戦い」であって、民主主義である連合国が勝ったという見方です。ただ、もうひとつの見方があって、それが帝国主義戦争です。「先発帝国主義（米英仏）と後発帝国主義（日独伊）の戦い」という側面もあったと思います。僕は、後者の帝国主義戦争が第二次世界大戦の本質だったというふうに考えているのですが、オリバーさんはどう考えていますか。

オリバー　アメリカは帝国主義的ではなく、当時は、ソ連との戦争を戦っていたのだと私は思います。だから、第二次世界大戦には、最初は加わる予定もなかった。当初、ルーズベルトもチャーチルの政策は自分とは相容れないし、彼に協力はしないという姿勢でした。

チャーチル自身は、大英帝国を守り、維持するような考えがあったという説があるし、自分もそれは正しいと思う。もちろんエジプトやインド、スエズ運河、シンガポールはたいへん重要でした。それらの国に対して行ったことを見ても、イギリスの意図は明らかだと思う。

だからチャーチルには帝国維持の野望が明らかにあったと思いますが、ルーズベルトはそうではなかった。ルーズベルトが見ていたのは、戦後のソ連も含んだ英国との同盟関係という、大きなビジョンでした。だからもし、もう3ヵ月、ルーズベルトが長生きしていたら、それは実現していたかもしれません。戦後のそういった大きな同盟関係を見込んで、戦争に参加したと私は見ています。最初からアメリカが帝国主義的だったわけではなかったというふうに考えています。

木村　第二次世界大戦、特にナチスドイツを打ち破ったのは、アメリカというよりも、ソ連であったとオリバー監督はおっしゃっていますね。それは犠牲者の数にも表れていると思いますが、その点について、少し説明をお願いいたします。

オリバー　ヨーロッパのこともそうですけど、アジアについても、まず、「アメリカが原爆投下によって日本に打ち勝った」というのは筋が通らない。アイランド・ホッピング（太平洋戦争で米軍が島伝いにとった侵攻作戦）で、アメリカは実戦を戦って、日本を追い詰めていったわけです。実戦でのアメリカの功績、それが原爆でかき消されてしまうことになります。もちろん英国や、オーストラリア、インド等も含めて、連合軍の兵士の実戦での功績があったのに、それも原爆投下によってかき消されてしまうことになります。

ただ、実際にはアジアにおいてもソ連が勝ったのです。ソ連の功績というのがアジアにおいても、ものすごくあったのに、それが過少評価されているということを私は以前から主張しています。関東軍があれだけ進駐していたのに、ソ連がサハリンに入って日本を追い詰めたのです。日本を決定的に追い詰めたのは、ソ連の力が大きかったのです。共産主義のソ連に負けたら、天皇を処刑されて、天皇制を消滅させるであろうという恐れがあったから、日本はソ連をいちばん恐れていたのです。

ピーター　２つ付け加えさせてください。トルーマンの参謀長リーヒ大将は、「も

ウィリアム・リーヒ（1875～1959年）
アメリカ海軍軍人。1942年、ルーズベルト大統領によって合衆国陸海軍最高司令官（大統領）付参謀長に任命され、トルーマン大統領の下でも同職

うすでに焼野原になった日本の本土侵攻をする理由など、アメリカの国防上まったくない」ということを言ったという証言があります。特に終戦の3ヵ月前の状況においてです。そして、「原爆の実験にアメリカが成功した7月16日以降、日本に本土侵攻する理由は何もなかった」と参謀長が言っていたぐらいですから、「原爆がアメリカや日本の人民を救った」なんていう言い訳は、やはりまったくの神話、嘘にすぎないということが裏付けられるでしょう。

オリバー　トルーマンとスターリンの間に条約が締結されていて、ソ連はやるべきことをしたわけだから、我々は彼らを支援すべきだったのですよ。戦後にソ連に200億ドルの支援をするということも話し合っていたのに……。

ピーター　そうです。ソ連はアメリカと仲良くしたかったのです。支援もほしかったのです。

アメリカの帝国主義については、アメリカは日本の帝国主義とは異なるビジョンをもっていました。これは、イギリスやフランスなどの国々とも違うビジョンでした。日本との関係は、結局、中国が核心でした。アメリカはやはり、中国の市場へのアクセスがほしかった。日本の中国への進出が問題だったのは、人道的理由ではなく、アメリカの中国大陸での市場の権益にとって脅威になったからです。アメリカは安い材料、安い労働力のある市場として中国を狙っていたのに日本が邪魔をしたわけです。そこで方針が変わって、日本に対して石油禁輸措置などの政策を取るようになって、対立を深めていったと考えます。日本が脅威になったという意味で、アメリカ独自の帝国像というものが、アジア太平洋においてはあったのではないかと思われます。

日本への原爆投下から、アメリカの欺瞞大国化が始まった

オリバー　原爆投下というものが、アメリカにとって非常に大きなターニングポイントになったと思います。その時点から、アメリカという国は、まったく信用できない、欺瞞に満ちた国だと人々が認識することになった。インディアンはとうの昔に、そんな「アメリカの欺瞞」については知っていたわけですが。

トランプ大統領によるイラン核合意からの離脱や、パリ協定からの撤退といった現在の歴史に通ずるような、アメリカの欺瞞大国としての決定的なイメージが、そこから始まったのです。我々の国は、率直に正直に行動している国だと思っていましたが、そうではなかった。あのときから、そして現在も、アメリカはずっと他国を裏切り、だましてきているのです。そういうコンセプトが、原爆投下をターニン

グポイントにして、続いているということが重要だと考えます。

ピーター　原爆投下というのは、アメリカが国防本位国家、国防至上国家、ナショナル・セキュリティ・ステートの先駆けでもあったことを示しています。現在、スパイ行為や監視行為など、国家機密が氾濫していますが、そのいちばん最初が、原爆投下です。マンハッタン計画というのは、ドイツも日本もアメリカの市民も知らなかった。誰も知らないあいだに、誰も知らないところで、水面下で進められていました。それは戦後のマッカーシズムなどにもつながります。

ロバート・オッペンハイマー（1904〜67年）
アメリカ合衆国の理論物理学者。ロスアラモス国立研究所の初代所長としてマンハッタン計画を主導し、「原爆の父」として知られる

　マッカーシズムにおいて、まずターゲットになったのは、原爆関係、核技術者、核にかかわる科学者たちでした。原爆についての技術の情報をソ

連にリークするという疑いをかけて、まず、その人たちをターゲットにしたのです。ロスアラモスで原爆を開発中に、なんと米軍はレオ・ジラード（原爆開発にかかわったハンガリー生まれのアメリカの物理学者）に、４００人以上もの監視をつけたのです。そして実際に、ジラードを監禁しようとも考えていましたが、それは、他の科学者たちの抵抗があってできなかったのです。科学者たちは軍に抵抗をしていましたし、からかうようなこともしていました。グローヴスがオッペンハイマーが被っている帽子が目立つのでやめろと指示したら、次に会うときには、わざとアメリカの先住民の帽子のようなものを被ってきて、グローヴスを困らせたという記録も残っています。

第二次大戦でドイツと日本を破ったのはアメリカではなくソ連だ

木村　第二次世界大戦を終結させるのに貢献したのは、これまで言われていたアメリカではなく、実はソ連であったという見方について具体的に教えてください。

オリバー　まず最初に、誰が第二次世界大戦で勝ったのかということについては、これは間違いなくソ連です。アメリカやイギリスも手伝いましたが、ソ連が無敵と言われたドイツ軍を、結果的に6人のうち5人を殺しました。実際、500万人から1000万人ぐらいじゃなかったかと思います。

D-Day。6月6日に我々が祝うノルマンディー上陸というのは、アメリカの歴史教育で非常に重要視されていて、スピルバーグなどもその映画をつくって、宣伝していますが、実際にヒトラー、ナチスを倒したのはソ連です。それは、いろいろな

1944年6月、ノルマンディー上陸作戦。ドイツ占領下のフランス・ノルマンディーに上陸する連合軍

戦いの記録を見てもわかります。スターリングラード、クルスク、モスクワ、レニングラードの戦いなど、無敵と思われたドイツ軍を最初に倒したのはソ連だったのです。ソ連がドイツを打ち負かしたのです。モスクワの抵抗もすごかった。第二次世界大戦については、ソ連がいちばんの勝者だったということは間違いないと思います。

ピーター　ドイツがスターリングラードの戦いで負けたあとに、ヒトラーは「戦争の神はもう逆の方向に寝返った」という有名な言葉を残して

史上最大規模の市街戦となったスターリングラード攻防戦（1942～43年）で、大きな犠牲を払いながらもドイツ軍に勝利して行進するソ連兵

います。第二次世界大戦で勝利したのは誰かという質問は非常に重要です。

私の大学の学生に聞いても、アメリカだと答えます。彼らは何も知らないのです。戦争で犠牲になったアメリカ兵やソ連兵の数を質問しても、まったく間違っているわけです。ソ連は実際に、２７００万もの人々を犠牲にして戦争を戦い、それで勝ったのです。そのようなソ連や、ロシアについての誤解が現在にも続いていて、いまのウクライナ情勢についても誤解を生んでいます。

「９・11」事件なども、３０００人の

アメリカ人が犠牲になっているわけですが、ソ連が第二次世界大戦で犠牲になったのは２７００万人です。これは「９・11」程度の犠牲者が、毎日24年間、起こっているのに値するのです。そういった比較も必要です。

結局、ソ連、ロシアに対する誤解というのは、トルーマンが大統領になったことがとても大きいのです。ルーズベルトはソ連とは仲良くしようとしていたのですが、トルーマンが大統領になって、たった10日で、完全にアメリカの外交政策はアンチ・ロシアに変わってしまったのです。

対立を創造し、冷戦を仕掛けたのはアメリカだった

木村　オリバー監督にお聞きしたいのですが、そもそも冷戦は、アメリカとソ連、どちらが仕掛けて始めたと見ていますか。

オリバー　私は１９４６年生まれですが、とにかくそのころのアメリカというのは、「恐怖」に包まれていました。父親は共和党員で保守でしたが、とにかくロシア、ソ連がいかに怖いかというのを、いつも、いつも私たちに話して聞かせました。１９５０年代は、学校でも地域でも、「ソ連が襲ってくる」とか、「ソ連にアメリカが侵略されてしまう」といった話題ばかりで恐怖感があおられていました。「ソ連のスパイがたくさんいる、ソ連が原爆や水爆を開発し続けている」、そういった恐怖のなかで国の予算も決まっていったのです。

そして、「トルーマン・ドクトリン」（1947年3月、ギリシャ・トルコへのソ連の脅威を理由に「自由主義と全体主義の選択」を提示した冷戦発動宣言。共産主義封じ込め政策）です。

トルーマンの政策に多くの予算が割かれ、国家安全保障法もできました。トルーマン・ドクトリンによって、ギリシァの内戦に対して、アメリカはパルチザンを押し潰すように介入しました。ギリシァに対する介入というのが、現在につながるアメリカの他国への干渉の、いちばん初めだったのです。

ピーター　これは重要なことです。いまでも、恐怖をあおるという手法がとられているのです。ヘンリー・ウォレスはそのことを誰よりもよく知っていました。彼はチャーチルの鉄のカーテン・スピーチのあとで、別のスピーチをしています。

「いま我々に必要なことは、鉄のカーテンや恐怖をあおり戦争の競争をすることではなく、人間性を高める政治をどのようにすれば実現できるかということであり、なすべきは平和構築の競争である。すべての過ちの根源は恐怖だ。ロシア人への恐怖、共産主義者への恐怖、そのような恐怖を伝えていけば後の世代が血の犠牲を払わなければならないことになる」と語っています。恐怖で人を動かすということが、いまでも行われているのです。

オリバー　ある有名なアメリカの議員がトルーマンに言ったことが「あなたがやるべきことは、アメリカ国民に恐怖を売ることだ。それで金を得るんだ」というものでした。

ピーター　ミシガン州の共和党議員が言っています。「トルーマン・ドクトリンのためには、国民の恐怖をあおる必要がある」と。

東西対立の緊張状態を「鉄のカーテン」にたとえて演説するイギリスのチャーチル。1946 年、アメリカのウェストミンスター大学にて

オリバー　認識しておかねばならないのは、そのころアメリカは世界各地に基地をもち、１坪たりともそれを譲るわけにはいかないという姿勢だったことです。大戦後に日本やドイツなど、

あちこちに米兵を置いていて、一歩も撤退するような国ではありませんでした。一方でソ連は、第二次大戦で東ヨーロッパを解放しました。80万人のソ連兵がポーランドで戦死し、70万人あるいは60万人のソ連兵がベルリンで戦死し、ハンガリーでもユーゴスラビアでもソ連はすべて血であがなってきたのです。だからソ連は、東ヨーロッパはソ連に対して借りがあると感じたのです。

ソ連は境界線を防衛したかったのです。それが最初の目的だった。金も無かった。アメリカは豊かな国ですべてをもっていました。世界の50％の富をもっていたのです。基地や兵器、核爆弾さえもっていました。ですから、これはもういじめですよ。同等な関係ではありません。俺はお前が怖い、だからたたきのめしてやるとアメリカは考え、実際にそうしました。

しかし2年後、１９４７年に状況は変わりました。スターリンが「もう我慢できない」となった。当時はＣＩＡも非常に暗躍していました。

ピーター　１９４７年８月にソ連は核爆弾の実験を行い、核兵器を保持することで、より平等な関係を確立し始めたのです。水爆の開発については、アメリカが核爆弾の4年後、ソ連は1年後でした。アメリカが52年に実験すれば、ソ連は53年に実験し、核戦争を知らせる時計が2分後と迫る状況になっていくわけです。

アイゼンハワーは1953年1月に大統領になります。そのとき、アメリカの核兵器は1000個余りでした。しかし、アイゼンハワーが大統領職を去るときには2万2000個になっていました。アイゼンハワー時代の予算が消化されたときは、3万個の核兵器を保持する事態になっていたのです。

アイゼンハワーが大統領職に就いたときに核兵器は「最後の手段」だったのですが、職を去るときにそれは、「最初の手段」になっていました。大統領職に就いたときには、大統領だけが核兵器を管理する者だったのに対し、職を去るときは多くの者がそれに関わるようになっていた。大統領職に就いたときは核兵器は「シビリアン・コントロール」だったのが、職を去るときには「ミリタリー・コントロール」になっていたのです。

アイゼンハワーの時代にこのような決定的な変化があって、1961年の時点で、統合参謀本部は、「アメリカとソ連が核戦争を始めたら、アメリカの核だけで6億

５０００万人の犠牲者が出るだろう」というような予想を立てました。これにはソ連の報復による犠牲者は入っていません。ケネディ暗殺の前に、このような背景があることを把握しておくことは必要です。

ケネディ暗殺の真相

木村　ケネディ大統領は何をしようとして、そして誰によって殺されたのか。オリバー監督はどうお考えですか。

オリバー　私は当時14歳か、15歳ぐらいでした。私の父親は保守で、ケネディを嫌っていました。たしか、ニクソンに投票していました。

　覚えているのは、ケネディが大統領になったとき、とにかく若くてフレッシュであるという印象です。トルーマン大統領もアイゼンハワー大統領も年をとっていて過去の世代の人でしたが、ＪＦＫはものすごく若くてフレッシュで、何か可能性を秘めている人、夢を与えることのできる人といった存在だったということです。でも、当時の私は若すぎて、ケネディを悪者のように思っていました。

ケネディは非常に頭が良くて、フレキシブル、柔軟性がありました。柔軟性というのは、大統領、指導者にとても求められることです。ケネディは、ピッグス湾事件（1961年、アメリカCIAの支援を受けて軍事訓練した在米亡命キューバ人部隊がカストロ政権打倒を試みキューバに侵攻し失敗した事件）によって、CIAの裏（力）というものを知ることになった。キューバ・ミサイル危機で、核戦争の危険も知ることになった。

そして、ケネディは、既存の軍隊というものに反対し始めるわけです。異論を唱え始めるのです。しかし、昔からの将軍級の人ばかりがいるような軍隊に異論を唱えるというのはものすごくたいへんなことです。彼は異端者となり、昔からいた人たちは、非常に若いケネディに対して腹を立てました。

それに加え、ケネディは、ちゃんとした戦争体験者でもありました。第二次世界大戦で従軍し、負傷もしています。退役軍人としてのしっかりとしたステイタスがあったにもかかわらず、そういう姿勢をとるものですから、よけいに気に食わない存在だったのです。諜報機関や軍隊などに昔からいるような人たちにとっては、非常に気に食わない存在でした。

結局、彼を冷戦主義者だったと言う人はいますが、1950年代ぐらいから、植民地主義を批判したり、先住民の人たちを自由にしようとか、ルーズベルトが言っていたような動きを彼は見せているわけです。だから私は、ケネディを擁護したい。大統領になって、どれだけまわりの言うことを聞かなければならないかというプレッシャーにさらされたかを、考えてみてください。

ジョン・F・ケネディ（1917～63年）
35代アメリカ合衆国大統領（1961～63年）。大統領就任時の年齢は43歳という若さだった。在任中の1963年11月22日、テキサス州ダラスで暗殺された

ラオスとベトナムに対しても、軍を送るのではなく、アドバイザーを送る。グリーンベレーの考えに賛成だったのです。彼はアメリカの状況を完全に変えたかったのです。

冷戦についても、「フルシチョフとの交渉によって、もう終わらせたい」と考えてい

た。「冷戦を終わらせ、軍産複合体をなんとかしたい」、そういったビジョンをもっていたわけです。

だからそれは、CIAや軍の上層部にとっては、ものすごい脅威だったわけです。JFKだけではなく、あとには弟のロバート・ケネディも控えていたし、テディ・ケネディも控えていた。「このケネディ王国が続いたら、いったいどうなってしまうんだろう」という、恐怖感や怒りがCIAなどの上層部にあったということです。

ピーター　アイゼンハワーは共産主義者になるくらいなら死んだほうがましだと言ったのですが、ケネディは、まったく異なる姿勢でした。彼はベトナム戦争から撤退したかったし、CIAを解散させたかったし、キューバ危機で唯一、軍の意見に反対するような人物でした。彼は核兵器競争も終わらせたかったし、宇宙開発でも互いに協力し合いたかった。冷戦も終わらせたかった。すべてを変えたかったのです。これは重要なことです。というのも、それだからケネディがまわりから嫌われることになったわけです。彼はまわりの軍や政府やすべての人たちと意見が異なっており、彼のまわりは敵だらけだったのです。一方で、彼はフルシチョフには信頼を置いていました。

フルシチョフは言ったんですね。「１９５０年代に核兵器についてのブリーフィングを受けたときに、もう何日も眠れなかった」と。私はこの彼のコメントは好きですね。ジャーナリストのノーマン・カズンズに対して言ったことで、これは本に書いてありますが、「いま、世界において非常に平和が大事だ。もし核戦争になったら、共産主義者だろうが、カソリックだろうが、中国人だろうが、ロシア人だろうが、アメリカ人だろうが、関係なく、みんな死んでしまう。誰が生き残れるというのか？」と言ったといいます。

ケネディも同じような価値観をもっていた。軍の意見に従ったら、みんな、死んでしまう。だからケネディとフルシチョフは本当に協力し合いながら、冷戦を終えていくというような準備ができていた。

そのような重要なポイントであったのに、結局、ケネディは殺されて、フルシチョフも追い落とされてしまった。そしてベトナム戦争は継続され軍拡競争が激化した。いまのような状況が生み出されたわけです。だからそこがターニングポイントで、そこでひとつの大きな機会、大きな希望というものが失われた、歴史上の大きなターニングポイントだったのです。

ソ連のアフガン侵攻を誘導したアメリカが払ったツケ

オリバー　冷戦の終わりのころ、レーガンとゴルバチョフのあいだに、春の時代が訪れていました。レーガンは私の父よりも非常に冷戦主義者であったのに、ゴルバチョフと会談を行ったことは驚きでした。冷戦後のアメリカには「平和の配当」という概念があって、私はそのとき平和の配当にたいへん期待したのですが、結局、期待したことは何も起こらずに、その概念は失われました。

湾岸戦争が始まった１９９１年は、アメリカの真の意図、アメリカが本当にやろうとしていること（アメリカ帝国主導の新世界秩序の構築）をパパ・ブッシュが吐露し、それが明らかになった年です。「平和を唱えて人を欺く歴史の始まり」と言えます。パパ・ブッシュが、サウジアラビアやクウェート、イラクを巻き込んだ湾

1990 年 8 月のイラクによるクウェート侵攻に対し、91 年 1 月、イラクへの空爆によって始まった湾岸戦争。クウェート国境へ進軍するアメリカ軍

岸戦争を始めました。そしてその湾岸戦争は、正当であり、最初は何か素晴らしいものであるかのように演出されました。非常にハイテクを駆使した戦争で、テレビでも中継され、まるでイースターのパレードか何かのように演出されていました。でも結局それは、アメリカの「ディセプティブ・ヒストリー（欺瞞に満ちた歴史）」であったわけです。平和の配当はどこに行ってしまったのか？

クリントンはユーゴスラビアに爆弾を落とし、イラクに対して、経済制裁を行うというようなこともしました。

ピーター　歴史というのは、結局、「失われたチャンス」です。こうなったかもしれないのにという、そのチャンスを失うことの連続が歴史であるということです。1944年ウォレスが副大統領になれなかったとき、1945年ルーズベルトが亡くなったとき、1953年3月5日にスターリンが亡くなったとき、ソ連が冷戦の終焉を申し入れて我々が拒否したとき、1961年のケネディとフルシチョフの会談など。そして、ソ連の崩壊は1991年でしたが、それまでにもその後にも我々は歴史を転換させる絶好のチャンスがいくつもあったのに、その機会を失ってきました。オバマのときもそう。選出された当初は希望にあふれていたけど、結局は失望に終わった。だから「失われてきた歴史をつくりかえる機会」、「失われてきた新しい歴史をつくる機会」という概念は、この本の中心テーマのひとつでもあります。

木村　お二人は「冷戦を始めたのは、ソ連ではなく、アメリカであった」と指摘されています。そして、「冷戦を終結させたのも、実はアメリカというよりも、ソ連であり、特にゴルバチョフ大統領の功績であった」という見方をされていると思いますが、その点について少し教えてください。

1986年、アイスランドのレイキャビクで会談に臨むゴルバチョフ書記長（左）とレーガン大統領

ピーター　ゴルバチョフは20世紀の非常に偉大な英雄のひとりだった。平和のビジョンをもっていて、レーガンに対して、核戦争、核軍拡をやめようとアピールし、平和会談を提案し、そこでレイキャビク会談（1986年10月）が実現したわけです。それで冷戦が終わり、ソ連のなかでは、軍隊をベルリンなどに送るという話もありましたが、ゴルバチョフが、それではペレストロイカがダメになるからということでやめさせます。ゴルバチョフとしては、新しい形の民主主義的な社会主義、民主主義的共産主義というものを

引き出したかったのです。ここに、歴史が変わる瞬間が存在したわけです。

しかし、アメリカは結局ゴルバチョフを裏切ったのです。ソ連が西側に対して侵攻はしないと約束したのに対し、アメリカは逆に弁解できる理由もないパナマ侵攻（1989年～90年）をした。湾岸戦争（1991年）も起こした。アメリカが一方的に逆方向なことをやってきているわけです。そのようなアメリカの犯罪のなかで最悪なのが、NATOの拡大です。

1990年にゴルバチョフは、ドイツ統一を許したわけですが、そのときにNATOはもう1センチも東側には行かないと、アメリカは約束をしました。それはソ連にとってたいへん重要なことであったわけです。しかし、それをアメリカは最初から裏切って（その計画を記した文書も存在しますが）、1991年、クリントンのときから拡大を始め、ブッシュ、オバマ、いまのトランプにつながって続いています（NATOは冷戦終結時の12ヵ国から29ヵ国までに拡大）。

オリバーが「忘れないで」と言っていたのは、アフガニスタンのことです。1979年にソ連がアフガンに侵攻しましたが、共産主義政権に抵抗するムジャヒディ

ズビグネフ・ブレジンスキー
（1928～2017年）
カーター政権時の国家安全保障問題担当大統領補佐官（1977～81年）。カーター政権退陣後も政界に力をもち、大統領選時のオバマ陣営外交顧問も務めた

ンという兵士たちを、当時のカーター政権で国家安全保障問題担当だったブレジンスキーがアフガニスタンで育てました。そして、サウジアラビア、パキスタンで訓練をし、武器も持たせ、ネブラスカの大学でＣＩＡなどのマニュアルを学習させたのです。それらの勢力によってアメリカはソ連を挑発し、ソ連がアフガニスタンに侵攻せざるを得ないようにしたのです。

木村　つまり罠を仕掛けたわけですね。

ピーター　そう、罠を仕掛けて、ソ連がアフガンを侵攻せざるを得なくしたわけです。アメリカは公にはソ連のアフガン侵攻を批判していましたが、内心はうまくいって狂喜していたのです。ブレジンスキーにとっては、ソ連にアメリカにとってのベトナムのようなものを与えることができたということです。それはブレジンスキー自身がはっきり述べています。

さらに、レーガンの時代には、ＣＩＡはソ連の内部にもイスラム過激派を育てて、国民の間のイスラム教信者に対するパラノイア（妄想）や恐怖というものを利用した。だから結局、アメリカはそうやって、ソ連を挑発して、１９７９年にソ連がアフガニスタンを侵攻しなきゃいけないような状況にしていったわけです。ソ連もブレジネフは最初、すぐに制圧できると言っていましたが、結局、10年間かかって最悪の結果となります。つまり、アメリカは相反するダブルゲームをしていたわけです。

その一方で、アメリカが武器も与えて、知識も与えて、育てたイスラム過激派がアルカイダであって、それが２００１年にアメリカに跳ね返ってきたということです。

1992年、国防計画ガイドラインに示されたアメリカの恐ろしい世界戦略

オリバー　アメリカがサウジアラビアをベースにクウェートに侵攻したとき、日本の報道機関は、アメリカの報道機関が隠していた事実を報道しました。ブッシュはクウェート侵攻のあと、中東に50万人を派兵しています。アメリカは国民に「イラクの国境を守るための派兵だ」と報道したのですが、それは嘘だった。それを日本の報道機関が指摘したのです。そのとき日本は湾岸戦争にかなりの金額で支援することを求められていましたから、この問題を的確に報道しています。この派兵は、米国にとって防衛ではなく、国境を越えた攻撃でした。しかも世界が平和なときにブッシュは、中東に50万人を出兵するようなことをやりました。これは、絶対にしてはいけないことでした。それ以来、アメリカは中東での戦争に関わり続けている

のです。少なくとも日本の報道機関は、このとき、きちんと事実を調査し報道しました。

ピーター　オサマ・ビン・ラディンがアメリカを攻撃したのは、サウジアラビアのメッカに、アメリカがそれほど多くの兵を派兵したということが、決定的な理由だったと言っています。

木村　そもそも冷戦が終結して、ワルシャワ条約機構が解体されたのにもかかわらず、なぜＮＡＴＯと日米安保条約が存続したのでしょう。これはもう軍産複合体の生き残り戦略以外あり得ないのではないかと私は思いますが。

オリバー　要するに軍産複合体とは何かという問いに、私は、「beast ケダモノ」という言葉が真っ先に頭に浮かびます。私もニクソンの映画で使っているし、ニクソンの自伝にもその言葉があったかもしれない。そのケダモノというのは、ウォール街でもあり、メディアでもあり、軍産複合体でもあります。

木村　まさにそれがディープ・ステートですね。

オリバー　そうそう。だから何か固まった形、固定した形をもつものではなくて、何か底流に流れるようになっているものということです。

ピーター　オリバーは劇作家なのでそのような表現をしていますが、歴史家としては、もっと具体的に考えなければいけないということでしょう。誰がポリシー（政策）をつくっていたかということで考えたいです。１９９０年代以来、ネオコンの台頭があります。ネオコンが92年にいわゆる国防計画ガイドラインでこういうことを言ったわけです。

「ソ連の崩壊によってアメリカの敵がいなくなってしまった。これからのアメリカの敵はアメリカより力を持とうとするもの、アメリカに挑んでくるもの。それがどこであれすべて敵となり、先制攻撃でつぶす」と。これが問題発言として物議を醸したので、ディック・チェイニーなどのネオコンは発言を撤回し、責任をうやむやにしたのですが、結局、それが「アメリカ新世紀プロジェクト」（アメリカの国際的な指導力を促進し、地球規模での軍事的支配を主張する１９９７年設立の保守系シンクタンク）につながっていくということです。

それでチャールズ・クラウトハマーというネオコンの先導的論客が、１９９１年に、スピーチをしています。「ソ連の崩壊後にアメリカの一極支配の時代が来た。世界各地にアメリカの力が及ぶアメリカの覇権が何年も続く」と発言しています。しかし、イラク戦争やアフガン侵攻の失敗、泥沼化で、2005年には、一極支配が終わって、逆に多極化が始まるというようなことを、この同じクラウトハマーが言いだしています。

結局、1991年にイラク軍を壊滅させて勝利した限定的な湾岸戦争やグレナダは別ですが、アメリカは第二次世界大戦後、ほとんどの戦争に勝利してきていないのです。朝鮮戦争にしても、ベトナム戦争にしても勝利できませんでしたし、実際はイラクやアフガンにおいてもアメリカは負け続けているのです。武力で破壊することはできていますが、政治的に人心を勝ち得てきていないのです。

「9・11」で顕在化した「アメリカの恐怖」

木村　「9・11」がブッシュ政権になって起こって、「テロとの戦い」が立ち上げられました。この間の背景、動きについて、それぞれお二人の考えをお伺いしたい。

オリバー　アメリカが抱えている恐怖は独特で、その背景にはアメリカ例外主義があり、自分自身の影におびえているようなものと言えます。「9・11」は、自分の人生のなかで起こった最も悲惨なことでした。

これは仏教の考えにありますが、この事件というのは、自分の体に矢が刺し込まれたような出来事でしたが、ブッダが言うには、そういうものにあまり強いリアクションをしてしまうと、もっともっと体に矢が刺さってくるということです。

つまり、この事件による痛みとか、苦しみ、悲しみ、罪の責任、復讐への欲望などがさらに広がって、テロとの戦いというものになっていき、ものすごい悲惨な結果をもたらしたのです。これはアメリカの自己憐憫とか、恐怖とか、そういうものが生み出した狂気なのです。

ピーター　いま、オリバーが言ったことはまさにそのとおりです。「9・11」が起こったとき、米国中がものすごいパニックで、その反応もすごいものでした。思い出すのは私の学生たちの反応で、彼らの考え方にも、ものすごい変化が起こったことがわかりました。自分たちの脆弱さに気づかされ、大きな恐怖感が芽生えて、それで結局、アメリカは、世界全体に対して宣戦布告をしたような形になったわけです。

結果的には、7つのイスラム教の国を侵攻して、攻撃することになりました。結局はさっき触れた、アメリカ新世紀プロジェクトの言うようなことに、着手することになったのです。自分たちの国家予算の40%を、防衛や諜報に費やすようになり、自分たちの自由さえも投げ出しました。そして、自分たちを監視する行動も認めました。

そのようなアメリカが、結局、トランプに引き継がれて、移民に対する恐怖や、メキシコから来る労働者、マイノリティたちに対する恐怖へとつながり、それをトランプは利用しています。

要するに、もう世界全体に対する恐怖になってしまったわけです。オリバーが先ほど言った矢の比喩にもありましたが、自分で引き起こした傷口みたいなものが、結局、どんどん広がっていって、若い人たちにも、どんどんその恐怖の感情が広がっていって、ついには世界全体に対する恐怖となった。

もうひとつ付け加えたいのは、やはりイスラム教徒への差別です。イスラム教徒への恐怖というのは、「9・11」をきっかけにとても広まって、すぐにイスラム教徒に対する差別が始まりました。それは、第二次世界大戦のときの、日系人の強制収容と非常に似ているものがありました。いま、トランプ政権は、7ヵ国に対して入国禁止措置をとっていますが、これも非常に非合理的なものであって、アメリカ人のもつ恐怖心を反映しているのではないかと思います。

オリバー　なぜ、恐怖を与えるのか。それは、人々に恐怖を与えることによって、思うがままに彼らを動かせるからです。恐怖を与えることで身ぐるみはぐこともできますよ。

ピーター　政府やメディアが、そういった恐怖をあおるということが、アメリカでは起こってきていますが、日本でも同じようなことが起こっていると言えますよね。いま、中国、北朝鮮に対する恐怖というものがあおられています。

安倍政権がそのような恐怖感をうまく利用して、世論を操作し、アメリカ軍駐留を許し続けたり、九条改憲を実現するような世論をつくり上げたり、沖縄で政府がやりたい放題できるような状況をつくり上げています。恐怖をあおって、脆弱さにおびえる人々をコントロールするという、アメリカと非常に似たようなことが日本でも起こっているのではないでしょうか。

欺瞞に満ちた戦争をしてきたのはアメリカだった

木村　私は「原爆投下が冷戦開始の合図になった」と同じように、「9・11事件が冷戦に代わる、第二の冷戦とも言うべき、テロとの戦いの立ち上げにつながった」と思っています。冷戦そのものも、幻の側面があったように、テロとの戦いにも、本当に実体があるのかどうかについて、少し疑問に思っている点があります。

オリバー　その考えには賛成です。「見せかけの戦争」という考え方ですね。実際に非常に欺瞞に満ちた、違法な戦争ばかりをアメリカはしてきたということです。例えばドローンの使用なども、これは国際的な規制はないわけです。それで、たくさんの人を殺してきています。アフガニスタンの北大西洋条約機構（NATO）による占領も違法でした。シリアや、リビアへの侵略も違法なものでした。イラク戦争だって、国連が認めたわけではありません。だからアメリカというのは、法の枠外で、たくさんのそういう戦争をやってきています。それは私がプーチンと会話するなかで、彼が何度も指摘したことです。プーチン大統領は、アメリカはたくさんの国際的条約、国際的な取り決めを、連続して破ってきたと言っています。

スメドリー・バトラー将軍（１８８１年〜１９４０年）という我々が高く評価する有名な人物がいます。彼は「戦争はペテンだ（「War is a Racket」）」と言いましたが、その戦争屋のペテン師とはまさにアメリカのことなのです。アメリカはもうマフィアのような存在で、権力だけで、規則や法律などお構いなしの状況が、基本的に70年間、続いています。いつアメリカは目を覚ますのか。いつ世界は目を覚ますのか。いつ日本は目を覚ますのか。私もそういうことをいつも指摘していて、このようなことを言い続けなければならないということに対して、非常に孤独感を感じています。

ピーター　結局、アメリカによる一方的な動きばかりなのです。

アメリカはロシアのことを、クリミアを違法に併合した、ウクライナのドンバスに対して出兵したなどと言って責めてはいますが、アメリカがこれまで、他国の政府を転覆し続けてきた歴史は明白なのです。イラン、ドミニカ共和国、グァテマラ、ベトナム、ブラジル、ギリシァ、インドネシア、チリ、ものすごい長いリストになります。そういう歴史や文脈をいっさい無視して、いま、アメリカ人は、例えば「ロシアが選挙に介入した、それは戦争行為だ」と言っています。それで制裁しようとしているのです。これは本当に異常なことです。アメリカがアフガニスタンや、イラク、シリアに侵略しても、誰も制裁などという話はしなかったのに。しかし、ロシアに対してはそれをやるわけです。

第２章

第二次大戦、冷戦……
刷り込まれたアメリカの正義

鳩山友紀夫×木村朗

大統領でも総理大臣でもない何者かが国を動かしている

木村　鳩山先生は、オリバー・ストーン監督とピーター・カズニック先生とはすでに面識がおありだと思いますが、お二人をどのように評価されておられますか。

鳩山　あれはもう数年前、今回の企画の通訳もなさっている乗松聡子さんのお導きで、一度、お会いさせていただきました。日本での滞在でたいへんお疲れになっておられるなか、オリバー・ストーン監督はお会いしてくださいました。

私のことを理解して、私があのような形で総理を辞めたこと、その背後に何があるかというようなことなどを、アメリカ側から鋭くご覧になっておられました。ピーター・カズニック先生もそうですが、この世界を、アメリカを常に礼賛する方向だけではなく、その背後に何があるかということを常に頭のなかに描かれていて、その真実を突き止めようと努力されている姿勢はたいへん貴重なことだと思っています。お二人のような方は、たぶんアメリカでも稀有な存在だと思いますし、そんなことまで言って大丈夫なのだろうかとこちらが思ってしまうくらいで、私はあのように真実を語れる方がアメリカにもおられるということに、勇気づけられた思いをいたしました。

木村先生にも、あのお二人に私を引き合わせていただき、感謝しています。

木村　そのお二人がつくられたドキュメンタリー映像と本は、まさに語られなかったアメリカ史であり、日本語版は『オリバー・ストーンが語るもうひとつのアメリカ史』（早川書房）として発売されていますが、まさにアメリカのこれまで焦点が当てられなかった影の部分、歴史の暗部を直視するような内容になっているというのは、いま、鳩山先生が言われたとおりだと思います。

そして、その作品のなかで、お二人がいちばん強調されていたのが、ヘンリー・ウォレスという人物です。ヘンリー・ウォレスはルーズベルト大統領の3期目の副大統領で、4期目のときの民主党全国大会で、本来ならばヘンリー・ウォレスが副

1945年8月6日午前8時15分、人類史上初、核兵器が実戦使用されたアメリカ軍による広島への原爆投下

大統領候補に選出されるところでしたが、明らかに不正な議事運営によって、当時、60%以上の世論の支持があったヘンリー・ウォレスではなく、たった2%しか世論の支持率がなかったトルーマンが選出された経緯について、お二人は強調しています。

もしあのとき、ヘンリー・ウォレスが副大統領候補になり、のちにトルーマンではなく、彼が大統領になっていたら、原爆投下も冷戦もなかっただろうというのが、このお二人（特にカズニック先生）の仮説であり、独自の主張なのですが、このことについて、鳩山先生はどうお考えになりますか。

鳩山　私もヘンリー・ウォレスに関して、必ずしも詳しいわけではありませんが、あのような策略で、彼が副大統領になれなかったということは、アメリカの歴史をたいへん変えてしまったのでしょう。

トルーマン大統領を担いでおけば、自分の思いどおりにできるというパワーが、この議事運営のなかで力を盛り返して、ヘンリー・ウォレスを副大統領にさせなかった。

もし、順当にヘンリー・ウォレスが副大統領になっていれば、ルーズベルトが体調を崩していましたから、その後、亡くなられたときに、当然、大統領になっていたのでしょう。彼はアメリカの帝国主義に対して、強く批判をされていた方でもあるわけですから、もし大統領になっていれば、少なくとも原爆投下のようなことには、ならなかったと思っています。

「アメリカの世紀」だと言われているが、そうではなく、「人々の世紀」なのだという、非常に有名な演説もされているわけですから、世界の人々の幸せをより重視して、アメリカが勝てばいいという発想だけで、戦争を遂行していったとは、とても思えないわけです。だから歴史の皮肉だとは思いますが、ヘンリー・ウォレスが大統領になれなかったことで、ほんとうにアメリカを大きく変えてしまったのだと思います。

ただ、オバマ大統領も、彼自身の心のなかには、平和主義的な考え方がとてもあったと思うのですが、結果的に、世界の人々の平和ということに関しては、必ずしも彼自身の業績は残せませんでした。彼の思いは成就できず、結局、大きなパワーによってつぶされてしまうということは、アメリカの歴史はもちろん、日本においても、また、あらゆる国の歴史においてもあることです。

トップに立つ人間の意志に必ずしも沿わない、あるいはそのトップのリーダーシップを突き崩す、より大きなパワーというものが根っこにあって、そのパワーにヘンリー・ウォレスが勝てたかどうかということになると、それは誰にもわからないことでしょう。しかし、彼が自分自身の信念を貫いて副大統領、そして大統領になっていれば、日本に対する原爆投下などはなかったでしょうし、その後、ソ連との冷戦もなく協調的で、共産主義に対して赤だと過剰反応をして、赤狩りをするようなこともなかっただろうと信じたいです。

アイゼンハワー大統領の危惧したことがいま、世界中で起きている

木村　私もヘンリー・ウォレスという人物は、彼ら二人の作品を見るまでは、知らなかったのですが、ほんとうにあのような人物がいたのであれば、まさに彼が副大統領、そして大統領になるか、ならないかが、アメリカの歴史的な大転換だったと思います。

いま、鳩山先生は、大きなパワーによってリーダーのやろうとすることが歪められることが往々にしてあるとご指摘されましたが、そのパワーについて、オリバー・ストーン監督とピーター・カズニック先生は、「ディープ・ステート」、あるいは軍産複合体の存在と影響力について指摘しています。トランプ大統領も2017年に、「自分はディープ・ステートによって攻撃されている」といった趣旨の発言

をしています。歴史をさかのぼれば、アイゼンハワー大統領が１９６１年の退任演説のなかでも、「アメリカは軍産複合体の影響力によって、不必要な戦争に巻き込まれてしまう危険性がある」、という警告をしました。このディープ・ステートや、軍産複合体とアメリカの歴史、政治への影響については、鳩山先生はいかがお考えでしょうか。

鳩山　やはり現実のアメリカの政治を動かしているのは、その表面的な大統領の存在ではなく、闇の政府、いわゆるディープ・ステートと彼らが呼んでいるものが、確かにあるのではないかと思います。実際、軍産複合体との闘いのなかに、いま、トランプ大統領もあるのではないかと思います。

アイゼンハワー大統領も当初は、朝鮮戦争に対しても、あるいは中国に対しても、核を使うような思いをもっていた時期もあったと思うのですが、アメリカの核兵器の数が、彼が大統領を辞めるときには、就任時の20倍という桁違いの数に増加してしまっていました。軍産複合体が自分の思いをはるかに超えて、強くなってきてしまったという現実に、彼はたいへん後悔したのだと思います。

戦後、間もないころに軍産複合体に対して、アイゼンハワー大統領が抱き始めた恐れは、いまだにずっと続いていて、アメリカを通じ、世界を苦しめていると言えます。自由と正義の名のもとに、どんどん戦争を起こし、軍需産業というものを、一大産業に仕立て上げてしまっているという現実は、アメリカにとっても、あるいは世界にとっても、たいへん大きな重荷になっていると思います。それに対して、アメリカ国民がしっかりと立ち上がって、軍産複合体にとっては「正義のための戦争」であったとしても、そういったものを食い止める民主主義の力を発揮していただきたいと、強く感じます。

米軍占領中に、原爆投下を批判した日本の政治家

木村　彼ら二人の主張で特に際立っているのは、原爆投下に対する評価です。それは原爆投下は明らかに誤りであり、軍事的には不必要であったし、道徳的には決して許されないものであったというものです。原爆投下は戦争犯罪であったということを、明確に主張されています。アメリカ人でありながら、また、大きな影響力をもっているお二人が、このような主張をされるということは、非常に勇気のある発言だと思っています。

そして、彼ら二人が、原爆投下の目的・動機でいちばん強調されているのが、ソ連に対する威嚇と牽制という側面ですが、この原爆投下に対する彼らの認識・評価について、どのようにお考えでしょうか。

2016年5月27日、オバマ大統領が現職大統領としては初めて被爆地・広島を訪問するが、アメリカの原爆投下についての謝罪の言葉はなかった

鳩山　オバマ大統領が広島に来たときも、原爆資料館にも行かれませんでしたが、謝罪の言葉はありませんでしたよね。つまり、原爆投下が誤りだったというふうには、ほとんどのアメリカ人は思っていません。原爆を投下したおかげで、日本が戦争をやめることになり、その結果、本土決戦などをしていたら流れたであろう多量のアメリカ人の血を食い止めることができたと、多くのアメリカ国民は、いまだに信じています。

　しかし、そのようなことはありません。あのような大量殺戮兵器、無辜の人々を、平気で殺戮するような武器は、使うべきではないということを、アメリカ人が言ってくれるということは、我々日本人にとっては、非常にありがたいことだと思います。

実は『鳩山一郎日記』を読んでいると、１９４５年8月6日も9日も、まったく原爆投下についての記述がありません。９日にソ連が日本に対して参戦したというラジオ報道があったということが、唯一、書かれているだけです。

ということは、広島・長崎の人たちは違いますが、それ以外の地域の多くの日本人にとって当時は、ラジオで報じられている原爆のニュースより、ソ連が参戦するということのほうが、脅威であり、大きなニュースであったのだと思います。

つまり、日本はソ連が参戦してくることを、最も恐れていたのであり、だからこそアメリカはその前に、原爆を落としたかったのでしょう。原爆によって、ソ連に対して米国の優位を見せたかったし、米国のパワーによって、日本が敗戦をするということを事実化したかったのだと思います。それで原爆投下を急いだのだろうと思いますが、私はどんな理由があっても、あのような原爆というものを現実に使用

鳩山一郎（1883～1959年）
第52、53、54代内閣総理大臣（1954年12月～1956年12月）。1956年、日ソ国交回復を成し遂げる。第93代内閣総理大臣の鳩山由紀夫は孫

することは、大きな間違いだと思います。

少々くどいですが、鳩山一郎は戦後間もない1945年9月15日に、原爆投下の不法性、誤りを強く主張する文章を、朝日新聞に書きました。そのことによって、朝日新聞が3日間、発禁になったという話も聞いています。この一件の真実を申すと、日記にはどう書いてあるかというと、若宮（小太郎）君の記事が載ったと書いてあるのです。

木村　朝日新聞の記者ですね。

鳩山　はい、若宮記者が書いて、自分がOKしたということだったのでしょう。必ずしも彼自身が筆をとったのではないが、彼がいちばん信用していた若宮記者が書

いてくれたということが、日記のなかには書いてありました。もちろん、世の中には鳩山一郎の署名で出ましたから、当然、事前に読んで、それを掲載することを認めたのだと思います。

木村　鳩山一郎氏の、その原爆投下に対する批判的な見解が、日本が降伏して以後、米軍占領中の唯一のアメリカに対する原爆投下批判の発言であったと思います。僕はそのことには、非常に大きな意味があると思います。その後、こういった批判はほとんど出されていません。

広島と長崎に原爆を落とされたあと、日本政府は降伏する前に、一度、アメリカを批判する見解を出し、そのなかで、この原爆投下は明確な国際法違反で戦争犯罪である、といった糾弾をしています。しかし、日本が降伏してからは、政府なり、首相なりが公式見解としては、発言するということはいっさいありません。

アメリカに対して批判的なことを言えば報復されるということもありますし、当時はＧＨＱの検閲もありましたから、なかなかそういった発言は表に出なかったということもあるとは思います。

私は原爆投下については、日本の降伏、早期終戦のためではなく、やはりソ連への威嚇と牽制という側面が大きかったというのは、そのとおりだとは思います。ただ、僕自身としては、それプラス、新型兵器の実験、とりわけ人体実験という側面が大きかったのではないかと思っています（『広島・長崎への原爆投下再考―日米の視点』法律文化社、『核の戦後史』創元社などを参照）。

鳩山　それは木村先生の持論で、私もそのとおりだと思いますよ。ああいう新型兵器を持つと、使いたくなるし、当然、放射能というものはわかっているわけですから、使って、どのような影響が起きるかということを試したいという狙いは、科学者としてはもっていたでしょう。

木村　広島型がウラン型で、長崎型がプルトニウム型。2種類の原爆の比較も必要としていたのでしょう。

原爆投下が終戦を早めたのではない

木村　原爆投下の正当化説は、いわゆる「原爆神話」と言われるものです。それは、原爆投下は早期終戦のためであり、また日本は原爆投下によって降伏したのだという見解です。それに対して、お二人は、先ほどの鳩山先生のお話と重なりますが、日本は原爆投下ではなくソ連参戦によって降伏したのだと主張しています。

鳩山　そうですね。私も先ほどの日記で、その当時のことを見てみても、原爆のことはひと言も触れておらず、その後、原爆の事実をいろいろと知ったのでしょうが、書かれていたのは、ソ連参戦の脅威ばかりでした。やはり、ソ連参戦が多くの国民に、もうこれでダメだという衝撃を与えたのだと思います。

日本政府の中枢では、東京もぐちゃぐちゃにやられていて、いつ戦争をやめるかという議論は、すでになされていたわけです。そのようなときに、新型爆弾によって広島、長崎が壊滅的にやられたといっても、東京も実際、壊滅的にやられているわけです。その意味では、ソ連参戦が日本のポツダム宣言受諾を決定づけたと言ってもいいのでしょう。

木村　私もそのように思います。

ただ、最終的にポツダム宣言を受け入れるようになったのは、天皇制保持の一条件の打診をして、それにバーンズ回答が来て、それが天皇制保持を示唆するような内容でした。もともとポツダム宣言の草案のなかに、天皇制容認の文言が明示的に含まれていたものを、アラモゴードでの原爆実験が成功したあとで、バーンズ国務長官の進言でトルーマン大統領が削除したという経緯があって、それがバーンズ回答で復活したという見方をしています。

そこで昭和天皇などが天皇制がこれでなんとか維持できるという確信をもって、当時、最終的に降伏に動いたと考えています。

鳩山　そのあたりは、歴史学者、研究者の方々の見解を踏まえて、事実を確認していかなければならないと思います。ただ私も、日本が戦争をやめるためには、やはり天皇制が守られているかどうかがたいへん大きなファクターになっていたことは事実ですし、その部分の保証があったのだろうと思います。

第二次世界大戦とは、ファシズム対民主主義の戦いだったのか

木村　第二次世界大戦をどのように見るかということも、重要な論点だと思います。戦後日本では、戦勝国アメリカの強い影響もあって、いわゆる日独伊の枢軸国対連合国の戦いは、いわゆるファシズム対民主主義の戦いであったと強調されてきました。アメリカでは「グッド・ウォー」というふうに言って、よい戦争、正義の戦争として、第二次世界大戦をとらえています。

ただ、その見方に対しては、本質的には、第二次世界大戦は持てる国と持たざる国との衝突だったのではないかといった批判もあります。米英仏などの先発の帝国主義の国々に対して、後発の帝国主義の国々である日独伊が、世界市場と資源の争奪、再分割を要求して、起こした帝国主義戦争だという見方です。

そのような帝国主義戦争だったからこそ、大西洋憲章（大戦後の世界構想について、1941年、アメリカのルーズベルト大統領とイギリスのチャーチル首相が調印した憲章）のような無併合・無賠償といった表面上はきれいな戦争目的を掲げながらも、実際には勝つためには手段を選ばないような無差別爆撃や原爆投下さえも、「正義」であるはずの連合国側、特にその中心的存在であったアメリカが行ったのだというとらえ方です。この第二次世界大戦をどのように評価・総括するか、という点については、どのようにお考えでしょうか。

鳩山　ドイツなどには、ファシズム的、全体主義的な考え方、行動があったことは間違いないと思いますが、先の大戦を民主主義対ファシズムの戦いだったと一面的に総括するのは、勝ったほうが自分の正当性を理屈づけるためにつくった構図のように、私には思えます。

我々には、そのように思わされてきたような部分があったのだと思います。しかし現実問題として、なぜ日本があの太平洋戦争にまで、のめり込んでいったのかと考えると、例えば仏領インドシナに日本軍が攻めていったのも、資源を求めて、行かざるを得なかったという部分もあったのでしょう。アメリカに貿易をいっさいシャットアウトされた日本が、この苦しい状況をなんとか打開しなきゃならんということで、まさに持たざる国が、いかにして持てる国になるかという戦いをしたという部分は確かにあったのだと思います。

つまりこれは、帝国主義同士の戦いであって、日本のような持たざる国、後発組が、いかにして持てる国になっていくかということを志向していくとき、持てる国は冗談じゃない、抑え込まなければならんと反応したという見方のほうが、むしろ正確なのではないかと思います。

その一方で、先ほどヘンリー・ウォレスなどは、アメリカは結局、帝国主義などというような、いわゆる植民地主義を終わらせなきゃいけないと強く主張していたということが指摘されましたが、アメリカのなかにもそういう人たちがいたわけです。

木村 日中戦争のように、植民地支配を受けた国が、その宗主国でもあった、帝国主義国に対して独立・主権回復のための戦いを行ったという部分もあるので、確かに正義の戦争であったという側面も含まれていたと私も思います。

　オリバー監督とカズニック先生の主張で注目されるのは、第二次世界大戦の勝利をもたらしたもの、つまり、ドイツや日本など枢軸国側を敗北に追い込んだのは、一般的にはアメリカであると言われていますが、実はそうではなくソ連であった、という主張です。

　ソ連が、結果的に2700万人もの犠牲者を出しながら、ドイツ軍のほとんど大部分を引き受けて戦い、その尊い犠牲と引き換えに連合国側は勝利を得たのだという見方です。アメリカ側の戦死者は30万人と言いますから、ソ連のほうが圧倒的に多くの人命が失われました。それによって、連合国側は勝利を得ることができたということです。お二人のこの意見をどう思われますか。

鳩山　私たち日本人は、第二次世界大戦というと、日本はアメリカにやられたのだという見方を常にします。アメリカが勝って、日本が負けたというとらえ方です。そしてソ連についていては、日本の敗戦直前になって、日本の領土、北方領土を不法に占領したという見方しかしません。しかしそれは、第二次世界大戦のごく一部であって、実際には、ドイツのヒトラーに対してソ連が必死に抵抗し、いまおっしゃったように、2000万人以上の命を奪われながら、最後はドイツを押し返して勝利を収めたというのが、先の大戦の基本的な流れだと思います。

アメリカも途中まではソ連とも協力しながら戦いますが、ある時期からソ連があまり強くなりすぎるのも困るということで、第二戦線（ソ連がドイツと戦うヨーロッパ東部の戦闘に対し、ドイツの勢力を分散させるためにヨーロッパ西部からドイツを攻撃するもうひとつの戦線）の戦いを約束しておきながら、実際には1年半も遅らせたという事実があるわけです。そのことによって、ソ連はたいへん大きな被害を受けています。これは、戦争のあと、ソ連があまりにも強くなりすぎることを恐れた、アメリカの戦略だったのだろうと思います。

実際に戦ったのは、ドイツとソ連とのあいだがいちばん激しい戦いであって、最終盤になって、第二戦線で英米軍が中心となって参画して、ノルマンディー上陸作戦で勝利して、英米が勝ったような印象が植え付けられました。また、そういった映画もたくさんつくられてきました。しかし実際には、ソ連がドイツを破ったということが、この戦争のいちばん中心的な部分であることは間違いありません。

しかし、そういった報道はこれまでなされてきませんでした。戦後もソ連は、アメリカとうまく付き合っていこうと思っていたはずですが、それを赤狩りといった反共主義をあおり立てて対峙する方向にもっていったのは、むしろアメリカだったのだと私は思います。そのため、メディアもこれまで、いかにしてソ連を際立たせないようにするかという方向で報道がなされてきましたから、我々もソ連に対する正確な認識をしていなかった部分があるのだと思います。

冷戦はソ連の膨張主義が引き起こしたのか

木村　冷戦の開始に関連して、一般的には、ソ連の膨張主義が原因で、ソ連側から冷戦を仕掛けたのだというのが、これまでアメリカでの通説だったと思います。

それに対して、彼ら二人は、そうではなく、冷戦を仕掛けたのは、実はアメリカの側なのだと主張しています。先ほど鳩山先生が言われたとおり、戦後もソ連は、米英との協調を最優先にしようという姿勢を保っていたにもかかわらず、アメリカ側から、ソ連の行動をすべて一方的に、膨張主義だと断じたという経緯があります。例えば、東ヨーロッパの動きの背後にすべてソ連がいて、動かしているかのようなとらえ方をして、それを封じ込めるための冷戦をアメリカが開始したというのが真実であると強調しています。

私は、そもそも冷戦の始まりは、ロシア革命以降の、日本のシベリア出兵から始まる欧米諸国によるロシアに対する干渉戦争にあり、第二次世界大戦中の独ソ戦も独ソ両国の共倒れを狙って欧米諸国はそれを誘導し、放置していたと考えています。第二次世界大戦が始まったあと、一時的に米英ソの奇妙な大同盟は結ばれたものの、第二戦線の創設を意図的に遅らせ、チャーチルが主張する大英帝国の権益確保のために北アフリカ作戦を優先させた姿勢にも表れています。鳩山先生は冷戦については、どのような見方をなさっていますか。

鳩山　あの冷酷そうに見えるスターリンも、ルーズベルトを信頼していたという研究を読ませていただいたことがあります。あのような冷徹な人でも、アメリカの大統領を信頼し、そして彼の言うことはすべて守ったというふうに聞いています。もし、それが事実ならば、スターリンの時代も、スターリンの死後も、ロシアの基本的な考え方は、いかにアメリカと協調して世界をお互いにリードしていくかという発想であったと思います。

それなのに、共産主義に対する極端な嫌悪感を背景にして、アメリカがソ連が強くなりすぎることを恐れ、反共同盟のような形で世界をリードして、結果として冷戦構造をつくっていったと私も思います。

チャーチルの「鉄のカーテン」演説（冷戦時代のヨーロッパ東西陣営の対立を鉄のカーテンにたとえた演説）なども、やはりソ連に対する脅威を、いたずらに大きく見せるものだったのでしょう。

私はプーチンにしても本当は、アメリカと戦おうとは決して考えていないと思っています。例えばＮＡＴＯにしても、西側が東方に拡大しない約束だったはずですが、それを守らず東に拡大してきているのはアメリカです。そのような現実を見ても、冷戦をまさに開始させていったのは、アメリカ、西側陣営の発想だと思っています。

アメリカ側に立った報道を刷り込まれている日本人

木村　1980年代後半から90年代初めにかけて、冷戦が終結します。これについては、アメリカ側が冷戦を終了させたのだという認識が、これまでの一般的な見方だったと思います。しかし、それに対しても、オリバー監督、カズニック先生のお二人は、そうではなく、ソ連側のイニシアチブが大きかったのだと主張しています。ペレストロイカ（再構築・改革）を始動し、グラスノスチ（情報公開）や新思考外交を展開して、ブレジネフ時代の制限主権論（内政不干渉の原則を尊重しつつも、社会主義陣営全体の利益を目的とする場合に限って、例外的に武力介入をともなう内政干渉が認められるという論理）を放棄して、軍事介入を控えたゴルバチョフ書記長・大統領の功績を特に高く評価しています。

鳩山　私もゴルバチョフ大統領の、いわゆるペレストロイカを高く評価しています。グラスノスチとか、ペレストロイカという言葉は、当時、日本でも非常に流行りました。ソ連が世界のなかで、より民主的に大きく変貌を遂げていくために、たいへん大きな役割を果たされたと考えています。ただ、ロシアに行くと、ゴルバチョフもエリツィンも非常に冷遇というか、評価されていませんね。

木村　はい。現在でもそうですね。

鳩山　いまは、あまり評価されていない。その点が非常に不思議だとは思っております。彼らの大改革によって、すぐに国民の生活がよくなったわけではなく、民主化を志向していく大変化のなかで、たいへんつらい時期を国民は味わったということも、あるのでしょう。しかし、私は世界史的に見れば、ゴルバチョフというのは、たいへんすぐれた政治家だったと思います。そのときのアメリカ側はレーガン大統領ですよね。レーガンとゴルバチョフが会議をすれば、どちらが主導権を握るかというのは、だいたい読めるような気がします。やはりアメリカとのあいだで、冷戦を終結させる役割を果たしたのは、ゴルバチョフという人間がいたからこそ、できたことではないかと、私は思います。

木村　私もゴルバチョフは、世界的にもっとも大きな影響を与えた人物のひとりだと思います。レーガンとの関係で言えば、レイキャビクの会談では、実は核兵器全廃実現の合意寸前までいっていたのです。しかし、結局、アメリカ側の軍産複合体などが固執するスターウォーズ計画（ＳＤＩ）が障害となって、破綻したということがあったと思います。

そこを見ても、冷戦の終結、核兵器廃絶さえも、大きなイニシアチブを及ぼしたのはゴルバチョフであり、それにレーガン、アメリカ側がすべて応じることができなかったというのが、そのときの歴史的真実ではないかと思います。

鳩山　いかにそういう真実を、日本の国民に知らせるかということが大事ですよね。

常に米露、あるいは米ソの対立という構図のなかでは、日本の報道は、アメリカ側からしか来ませんから、アメリカが正しくて、ロシア、ソ連が間違っているという視点になってきます。ロシアの悪をどうやって正すかといった、そういう姿勢の報道にしか日本人は触れないのです。ですから、こういう本を通じて、より正確に歴史を眺めるという努力をすることは、私は非常に重要だと思いますし、そういう意味でも、やはりこのオリバー・ストーンさん、ピーター・カズニックさんの役割、木村先生の役割は大きいと思います。

木村　いや、いや、僕は別として、オリバー監督やカズニック先生のお二人だけでなく、鳩山先生が現在、果たされている役割もすごく重要なものだと思います。ただ、やはり多くの日本人に、本当の戦後世界史、真実の戦後日本史を知らせるような機会をもっとつくらなければならないですね。その一端は、孫崎享さんの著作『戦後史の正体』（創元社）をはじめ、矢部宏治さんの著作『知ってはいけない』（講談社）や吉田敏浩さんの著作『日米合同委員会の研究』（創元社）に見てとれますが、もっと戦後だけではなく、明治維新以来の歴史的な流れと全体的な構図を提示する必要があると思っています。

鳩山　それは日本の外務省との闘いになりますね。外務省は歴史を曲げてきていますから。

木村　本当にそうですね。それに大手メディアとの闘いも加わりますね。

ケネディの類まれな政治家としての資質

木村　オリバー監督、カズニック先生のお二人が、アメリカのこれまでの政治家のなかでもっとも評価しているのが、ヘンリー・ウォレスであり、ケネディです。そして、ルーズベルトもかなり高く評価しています。

逆に、彼らがかなり厳しい評価をしているのが、トルーマンです。史上最低の大統領という言い方もしています。今回対談した際に、カズニック先生は、これまでトルーマンが歴代大統領のなかで最低だったが、それを超えたのが、ブッシュ・ジュニアだったというふうにも語っています。彼らは本来、大統領になれるような器でもなく、彼らがやったことは最悪の冷戦の発動、あるいはテロとの戦いの開始であったという評価をしています。

こういったアメリカの指導者たちに対する評価を、鳩山先生はどのように受け止められますか。

鳩山　ヘンリー・ウォレスさんに関しては、オリバー・ストーンさんの本を読ませていただくまで、必ずしも十分に理解していなかったのですが、この人の信念の部分から言えば、評価をされるべき方だと私も思います。惜しい方が大統領になれなかったなという思いを、たいへん強くしました。

私自身は、自分が政治家になるとき、尊敬する政治家は誰かと問われたときは、それは日本人だと鳩山一郎であり、海外の政治家であればジョン・F・ケネディをいちばん尊敬していると答えていました。私が総理になったときに、オバマ大統領もそのことを知っていたらしく、ケネディの本を私にプレゼントしてくれたことがありました。

ただ、そのケネディ大統領も、最初のころは反共主義的な考えをかなり強くもっていただけに、キューバにカストロ政権ができたら、それを転覆させたいという気持ちをたいへん強くもっていたのではないかと私は思います。それが実際に大統領になられて、さまざまな経験をされていかれるなかで、変化してきたのでしょう。

ケネディ大統領はカズニック先生のいまいらっしゃるアメリカン大学で演説をされていますね。お互いに違いを認め合って、許容することが大事だというふうな演説です。我々はみんな、小さな惑星のなかにいる人間ではないか、ソ連と一緒にやれないはずはないという思いを述べています。私は、政治家のなかでもこういった考えを理解してくださる指導者が、もっと現れてほしいといまも考えています。

まさに友愛精神だと思うのですが、そういったお考えを、亡くなる前ですが、アメリカン大学での演説でお話をされています。キューバ危機などを経験されて、ご自身の考え方も、反共だからつぶせではなく、やはり共産主義ともうまくやっていける道を探すべきではないかという方向になられたのでしょう。自分自身の信念を曲げないことも大事ですが、間違っていたとすれば、それを勇気をもって、平和のために変えていけるというところも、たいへんすぐれた指導者の才能だと私は思いますから、ケネディを評価申し上げています。

ルーズベルトに関しては、私はよく存じ上げませんが、ただ、体調が万全ではなかったということで、本当はもっと長く大統領を続けていれば、世界史も変わっていたのではないかと当然思っています。

史上最低が誰かというようなことは、あまり議論しても失礼だと思いますが、ただ、ブッシュ・ジュニアがやったことは、親父の復讐みたいなもので、とにかくサダム・フセインを、どんな理屈をつけてもいいから、叩きつぶすといった発想が垣間見えます。一国の、それも世界最大の国の指導者が、私情に流されて戦争で多くの人々を殺すということは、決してやってはいけないことであったと思っています。それに唯々諾々と従った日本も情けない話だと思います。

木村　それは小泉政権のときでしたね。

ケネディ大統領のアメリカン大学での演説は、ある意味、アイゼンハワーのあの辞任演説以上に重要な演説であったと思います。

トランプ大統領の就任演説も、実はすごい内容があったと思っていますが、それは別にして、やはりケネディ大統領のあの演説で、いちばんのキーポイントは、冷戦の終結を明らかに志向していたという部分です。実際にベトナムから撤退の動きもありましたし、いろいろな兆候がそれを示していました。逆にそれがあったからこそ、軍産複合体やその他の、いわゆるディープ・ステートによって、暗殺されることになったんだというのが、オリバー監督たちの見方でもあります。

鳩山　その可能性は高いでしょう。やはり、あらゆるところに敵をつくってしまったと思います。

木村　そのとおりだと思います。『ＪＦＫ』という映画を、オリバー監督がつくられていますが、それもやはり軍産複合体の関与というものを示唆する内容でした。

鳩山　いまだにケネディ暗殺事件は謎なのでしょうか。

木村　ケネディ暗殺事件についてはかなり明らかになってきていると思います。オズワルドの単独犯というのは、まさにでっち上げで、複数犯がいたのは、ほぼ間違いありません。また、教科書ビルからの狙撃ではなく、前方からの狙撃でケネディ大統領が致命的な打撃を受けたというのは、ザプルーダー・フィルム（ケネディ大統領の車列を会社経営者のエイブラハム・ザプルーダーがカラーで撮影した８㎜フィルム）や複数の証言でも明らかになっています。

いまだ疑惑がささやかれる「9・11」の裏

鳩山　先日、あの山崎サラさんにお話を伺いました。「9・11」のときに、まさにその現場に住んでいた方で、その現場を、直後に見た方です。

木村　ワールドトレードセンター（WTC）近くの現場で粉塵も集められた方ですよね。

鳩山　その粉塵を集めて調べたら、地下が爆発しているという。本来、飛行機だったら、地上が燃えていなきゃいけないのに、地下が爆発して燃えているらしいのです。そんなことがあるはずないと、疑問を感じておられた方です。しかも、その粉塵などを集めていたら、当時、小泉政権のときに捕まってしまったのです。

木村　そうです。東京地検が動いたんです。

鳩山　東京地検が動いたのですか。それで、六百二十何日、アメリカで拘束されてしまったのですよね。

木村　そうなんです。そのときの容疑とされたのは、彼女は自分の事務所が被害を受けたので、その補償の申請書を提出したら、そのやり方が違法で詐欺行為によって多くのお金を取ろうとしたといった容疑をかけられたのです。そんなことは実際には全然なかったのですが。

鳩山　そうだったのですか。それで、ほとんど取り調べられるわけでもなかったらしいのですが、非常に過酷な収容所に入れられたという話でした。その話を聞いて、私も本当にビックリしました。

木村　山崎サラさんは、『サンデープロジェクト』にも出演されていて、この放送はとても画期的でしたが、他のメディアはこの件についてはいっさい報道しませんでした。

鳩山　それは彼女が日本に帰国したあとですか。

木村　そうです。ようやく釈放されて、日本に戻ってきてからです。

鳩山　釈放されたあとに、彼女が証言するようなことを隠蔽したいという力が、どっかに働いていることは間違いないですよね。「9・11」も、そんなに単純な犯罪じゃないということですか。

木村　童子丸開さんも書かれていますが、結局、ワールドトレードセンターは自然落下と同じ速度で崩壊しているのですが、それはきわめて不自然です（童子丸開著『「WTC（世界貿易センター）ビル崩壊」の徹底究明―破綻した米国政府の「9・11」公式説』社会評論社を参照）。

鳩山　自然落下ということは？

木村　自然落下と同じ速度で落ちたと言えば、もう爆発以外あり得ないんですよ。ただ、当局はいまだに爆発で崩壊したとは認めていません。地下が溶けて、鉄骨もコンクリートも溶けて固まった写真というのは、実はスノーデン経由だと言われていますが、ロシアの通信社スプートニクでしたか、2、3年前に報道しています。プーチン大統領もそのことは知っておられると思います。

ネオコンの登場

鳩山　ケネディに関しては、もし彼が暗殺されずに生きていたら、冷戦が終結していたかもしれませんよね。

木村　そうです。ベトナム戦争も、あのように拡大・長期化しなかったかもしれないと思います。

鳩山　それをさせたくない人たちのパワーが、勝ってしまった。で、結局、暗殺されて、ジョンソン大統領になると、どんどん、もとの冷戦に戻っていってしまって、その後、冷戦終結まで、また十何年かかることになりますね。

木村　ケネディ暗殺の真相も、木村太郎さんが紹介されていたのですが、ジョンソン副大統領もかかわっていたという本が、もうすでに出ているとお聞きしています。

まさしくジョンソン政権になってから、すべてがケネディ政権とはまったく反対方向に動き出した。ベトナム戦争は拡大しますし、その結果、冷戦が激化したわけです。ジョンソン大統領はそういう代理人的な役割を果たしたのではないかと言われています。

実はジョンソン大統領のあとを継いだニクソン大統領は、そうした冷戦激化の動きを、少し緩和しようとしたのです。米中接近もその流れです。しかし、ウォーターゲート事件を仕組まれて、失脚した側面もあるのではないかというのが私の見方ですが、お二人は必ずしもそういう見方はしていません。

特にひどいのが、ニクソン政権のあとに登場したフォード政権です。パパ・ブッシュ政権、それからジュニア・ブッシュ政権のときの主だったメンバーが入っていました。チェイニーや、ラムズフェルド、ウォルフォウィッツ等、ネオコン的な人々がそのときに登場しています。これは重要な事実だと思います。

「アメリカ例外主義」の矛盾

木村　オリバー監督、カズニック先生のお二人は、「アメリカ例外主義」と、「アメリカの恐怖」について触れていますが、この点も重要なポイントだと思います。

アメリカ例外主義というのは、アメリカがまさしく世界を指導すべく選ばれた国、国民であるかのような発想で、神によって、そういった使命を与えられているという考え方です。

アメリカの恐怖というのは、アメリカは常に外敵、それに通じる国内の敵によって脅かされているという恐れです。その恐怖を原動力に、対外侵略と警察国家化を正当化することを、アメリカは一貫してやってきたのだという見方です。

テロとの戦いもそうですけど、多くの国民が見えない敵の恐怖に脅えて、その恐怖を克服するためには、手段を選ばないやり方が、アメリカ内外で取られ、それが正当化されるというやり方ですね。

そのことを、オリバー監督などは、「アメリカは自分自身の影に脅えている」と表現しています。

鳩山　もし、神によって選ばれた国家、国民であったとしたら、神がそのような自由を守るため、民主主義を守るため、という理屈を付けて、無辜の市民を平気で殺すようなことをさせるわけがないと思います。

神によってというのは、自分を正義であると正当化するための屁理屈です。大統領の就任の宣誓のときには、まさに神によって授権されたように見えますが、決してアメリカが真の神によって、授権された国家だとは私には思えません。

もし、自分は常に正義だということを本気で信じるならば、私はいかに徳をもって国を治めるかということを、もっと学ばなければいけないと思うのです。しかし、アメリカがそういう発想に、少なくともなっているとは思えない。アメリカが自分自身の影に脅えるというのは、自分自身がいかに神の御心に沿わないことをしているかに気づいているからこそ、脅えるのだと考えます。本来、神の思いに沿って、行動しているならば、何も恐れることはないはずです。

したがって、そこに論理矛盾があるのですが、常に神だとか、自由を守るため、正義のため、民主主義のためということを割と平気に使っているのは、自分が行っている行動を正当化するためであって、逆に、そういうことを言わないと、認められない行動であって、何か後ろめたいものを、本来、抱えているから、そういったことを常に主張しようという心境になっているのでしょう。

私はアメリカ自身が脅威、恐怖をつくり上げているのだと思います。本来、なんでアメリカという国が、世界に向けて、自分の思いどおりの国にならなければ平気で戦争を仕掛けて、殺戮を続けても正義などと言うことができるのか理不尽だと思っています。そのようなアメリカから脱し、真のアメリカの国民の民意というものが反映される国家をつくっていただきたいものだと思いますよね。

木村　アメリカの例外主義というのは、覇権国家アメリカの、世界の警察としての役割を正当化するカモフラージュです。要するにルールは自分がつくる。自分だけは例外的に何でも許されるという発想です。他の国、ロシアや中国、北朝鮮、イラク、イランがアメリカの意に反してやることは、絶対に許さない。

アメリカという国は、ある意味で、イスラエル以上に宗教的な国家だと思います。特に、ブッシュ・ジュニアやいまのマイク・ペンス副大統領などが信仰しているキリスト教福音主義というものはすごく狂信的だと思います。

大統領が就任演説などで「God bless America」と、必ず言うところもそうですが、ある意味でアメリカは政教一致の宗教国家だと思います。また、キリスト教福音主義とは聖書の教えを絶対視するもっとも保守的で過激な思想で、アメリカ国内に推定7000万人から1億人の信者をもち、「アメリカは他国より質的に優れている」、「世界中で善を実現する特別な任務をもつ」という主張に見られるように極めて政治的でアメリカ外交にも大きな影響力をもっています（マーク・R・アムスタッツ著『エヴァンジェリカルズ　アメリカ外交を動かすキリスト教福音主義』太田出版、を参照）。

鳩山　第二次世界大戦後、パクス・アメリカーナの発想で、アメリカが唯一の強大国で、世界をリードしてきましたから、そのような例外主義的な考えになるのは、わからないわけではありませんが、そういったアメリカの覇権も、ある意味で、いかにしてうまく石油利権をわがものにするかということと、常に結びついているように思います。いま、それが崩れそうになってきているのではないでしょうか。

木村　世界的規模の資源と市場の支配ですね。いまそのアメリカの世界支配・覇権が崩壊しつつあります。

鳩山　そうです。まさに自分は神であって、他の人たちは自分の言うことに従えという発想は、国家とは何であるかということを超えた発想になっていますよね。例外主義なんていうものが、認められるわけがない。

「9・11」によって大軍拡計画が実現する

木村　オリバー監督とカズニック先生は、テロなどの恐怖をあおって、その脆弱さに脅える自国民をコントロールするアメリカ支配層のやり口についても指摘しています。まさしく「9・11」事件以降、ブッシュ政権が立ち上げたテロとの戦いが、そういう構図になっていると思います。アメリカは常に敵を必要としていて、冷戦のときはもちろん、それはソ連を中心とする共産主義でした。それが「9・11」事件以降は、イスラム過激派・イスラム原理主義を第一の敵として戦ってきました。

私は原爆投下によって、冷戦が意図的に開始されたように、「9・11」事件を契機に、そのテロとの戦いが意図的に立ち上げられたと考えています。第二次世界大戦直後から開始された冷戦もテロとの戦いという「第二の冷戦」も、実は幻、虚構

1941年12月8日、日本海軍はハワイ、真珠湾のアメリカ海軍基地、太平洋艦隊を攻撃。炎上する戦艦アリゾナ

であって、本来ならば必要のない、実体のない戦いであって、それは軍産複合体の存在、利益をカモフラージュするというか、生き残りを図るために必要なプロセスでもあったと思っています（木村朗編著『9・11事件の省察―偽りの反テロ戦争とつくられる戦争構造』凱風社、を参照）。

鳩山　恐怖を煽って国民をコントロールするというのは、例えば真珠湾もそうなんじゃないかということですよね。

私が最近、読んだ本で、これはバイウォーターさんというイギリスの方で、ニューヨークヘラルドの記者になった方ですが、海軍についても非常に詳しく、その人が『太平洋大戦争』という本を書いていていて、それはルーズベルトも山本五十六も読んでいたといいます。山本五十六もルーズベルトも、ある意味、この本を種にしながら、太平洋戦争をイメージしていったらしいのです。すなわち、真珠湾攻撃というものも、バイウォーターによって作戦が練られていて、それはアメリカ側も理解をしているというようなこともあったのではないでしょうか。

オリバー・ストーン監督だけではなく、真珠湾攻撃をアメリカは事前に察知していたということは、多くの人が指摘しています。わかっていながら、あのような恐怖を創出して、日本に対してけしからんという機運をつくり、ならば参戦だという道筋をつくったのかもしれません。それまでアメリカは参戦していなかったわけですから、参戦する口実をつくるには、何か大きな事件をつくらなければなりません。そしてその事件による恐怖を国民に与え、脅えた国民に対して、日本に対する敵対心をあおって、コントロールしていったのではないでしょうか。

お話にあったように、「9・11」がテロとの戦いになっていくときにも、そのような恐怖を利用した手法がとられたのかもしれません。

木村　「ニュー・パールハーバー」、あるいは「ザ・セカンド・パールハーバー」と言われています。

鳩山　そうです。だからそういう意味でも、「９・11」もつくられた部分があるということなのでしょう。ピーナック（ＰＮＡＣ）と言われる「アメリカ新世紀プロジェクト」のなかで示唆されていると聞きました。

木村　そうです。新しい真珠湾攻撃みたいなものがないと、我々の大軍拡計画は実現が難しいと、それに書かれています。

鳩山　「９・11」によって、大軍拡計画が成功していくわけですね。

木村　新しい真珠湾攻撃が「９・11」なのです。「９・11」のことを、新しい真珠湾攻撃だと最初に言ったのがヘンリー・キッシンジャーで、それからブッシュ・ジュニア大統領もその日の日記にそう書いたと、あとから言っています。あまりにもできすぎた表現と思いますけど。

鳩山　なるほど。しかし、まさにそういうやり方は、どの国もやることとも言えます。恐怖をあおって、戦わなければならないと国民の意思を向かわせ、結束を高めたり、あるいは政権の支持を高めていくというのは、政治指導者の常套手段でもあります。

木村　そうですね。それはアメリカに限らないです。

鳩山　戦争というところまでエスカレートしなくても、日本も北朝鮮の脅威だということを現在もあおっている。

以前はソ連の脅威があり、その後、中国の脅威も言われました。中国の脅威が薄らぐと、今度は北朝鮮の脅威です。今後、北朝鮮の脅威が薄らぐと、今度はどうなるのでしょう。また中国に戻りそうな気もしますが、このように敵というものをつくって、敵がいつ攻めてくるかわからないという脅威に脅えている国民をコントロールしながら、支持率を高めていくというのは、日本の政権の常套手段でもあります。

確かにこのように脅威をあおると、ある意味で、指導者の権力は高まるのかもしれませんが、それは非常に国を危うくする発想だと、私は思います。

本来、冷戦終結で、NATOも日米安保も解消されるべきだった

木村　私も鳩山先生が言われたように、1941年12月の真珠湾攻撃が、ある意味、仕組まれた罠であったのではないかと考えています。ハワイがターゲットになるということは、アメリカ指導部は事前に知ったうえで、空母などを逃がし、当時のハワイにいたキンメル司令官らが、すべて艦船を撤去させることを主張していたのを、それをさせずに、あのような被害を受けさせたとみられています。それで、予想以上に被害が大きかったという面はあったようですが、真珠湾攻撃直後にその司令官を解任させるという経緯があります。1990年代、クリントン政権のときに、真珠湾攻撃を受けたときのキンメル司令官らの名誉回復の訴えがされていますがいまだになされていません。

鳩山　そうですか。

木村　いま、アメリカ新世紀プロジェクトの問題を鳩山先生から提起していただきましたが、これにはブッシュ・ジュニア政権ができる前に野に下っていた、ネオコンに近いような人々、ディック・チェイニー、ドナルド・ラムズフェルド、ポール・ウォルフォウィッツ、ブッシュの弟のジェブ・ブッシュ、リチャード・パール、ルイス・リビー、ジョン・ボルトン、とかですね、ほとんどが入っていました。そして、先ほどの新しい真珠湾攻撃待望論が打ち出されて、それが「9・11」事件につながったということです。その淵源は、お二人がちょっと触れられているのですが、冷戦が終結したあとの1992年2月に策定された「ウォルフォウィッツ・ドクトリン（国防計画ガイドライン：DPG草案）」にあるのだという指摘です。

どういう内容かと言えばそれは、冷戦が終結し、アメリカが一国で世界を支配できる一極主義の時代がやってきたという発想です。アメリカのコントロールに従わない国、すなわち独立した主権国家や政権は先制攻撃で打倒して、政権転覆（体制転換）を行って傀儡政権に代えるという戦略、ドクトリンです。それをそのままやろうとして、アメリカは現在までできているのです。

鳩山　メチャクチャだね。

木村　オリバー監督、カズニック先生のお二人が触れているのが、１９９２年のそのドクトリン以降のアメリカが、さらに狂って暴走していった一大転機であったという視点です。

彼らは他にも、アメリカ政治史の転機として、ヘンリー・ウォレスが副大統領になれなかった時点と、原爆投下が行われて冷戦が開始された時期、ケネディが暗殺されて冷戦終結のチャンスがつぶされて、逆の方向に向かっていた時点という、３つの大きな転換点を指摘してくれています。

本来ならば冷戦終結後に、平和で民主的な国際社会・世界にできるはずだったものを、ウォルフォウィッツ・ドクトリンに従って、湾岸危機から湾岸戦争に突入していきます。私が１９８５年から87年にかけて留学していたユーゴスラビアで起きた内戦も、その延長線上で起こったと思っています。まさしく軍産複合体の巻き返しです。

本来ならば、冷戦終結で、NATOも日米安保条約も解消して然るべきだったのです。なぜなら、冷戦時代に最大の脅威とされていた巨大な敵、ソ連が消滅して、ワルシャワ条約機構も解体されたわけですから。しかし、そうやって最大の脅威がなくなったのに、NATOはなくならなかったのです。

鳩山　むしろ、NATOが拡大されていく。

木村　そうです。NATOは冷戦終結時には12ヵ国だったのですが、いつのまにか29ヵ国にまで拡大しています。またNATOだけでなく、日米安保条約体制が生き残ったというのは、軍産複合体の生き残り戦略以外にないのです。その後は、見えない敵と脅威を外に求めていくことになります。歴史的事実から見れば、冷戦時代でさえ自分たちを攻めてくる国などはなかったのですが、冷戦が終わって脅威がなくなって攻撃される可能性がさらになくなった状況のなかでも、域外の脅威（ならず者国家やテロ・テロリズムの恐怖）をでっち上げ、軍備拡大の口実にしていったのです。

鳩山　それが「9・11」を引き起こしたと。

木村　それにもつながっていったと思います。冷戦時代の共産主義に代わって、イスラム原理主義やテロリズムを新たな敵とするためにも必要だったのが、「9・11」事件であったという見方です。

鳩山　「9・11」の直後だったと思いますが、イラクに自衛隊を派遣するころ、イラクの大使にお会いしたら、「昔はテロなどというものはこの国にはまったくなかったのに、アメリカのおかげでテロも輸入されてきた」と言っていました。

木村　それは重い発言ですね。

鳩山　なぜ軍産複合体が、これほどまで力をもつのか。以前、内田樹先生と対談させていただいているなかでおっしゃっていたのは、民主主義は成熟してくると、みんな、ほしいものはもう手に入れて、いわゆる経済成長というものが、まともには望めなくなってくるといいます。しかし、そうしたなかでも、資本主義は経済成長なしには、やっていけないということで、そのときにいちばんいいのは、兵器だというのです。兵器は兵器を壊すという役割をもっているわけですから、そういう意味ではいちばん経済合理性があるんだと指摘されていました（内田樹・鳩山友紀夫・木村朗共著『株式会社化する日本』詩想社、を参照)。

もちろん内田先生も、それを認めているわけではありませんが、軍需産業というものは、資本主義にマッチしてしまっているんだということを、おっしゃっていたのです。

まさにそういう部分もあるのだと私も思いましたが、私はこの軍産複合体を、トランプが大統領になって、なんとか抑え込んでほしいと願っているのですが……。

第3章

「対米追従」によって隠された日本現代史の真実

鳩山友紀夫×木村朗

二面性こそ
アメリカという国の本質

木村　オリバー監督とカズニック先生に、アメリカの良心とアメリカの狂気について私はお尋ねしました。アメリカの良心の象徴が憲法九条の精神であり、逆にアメリカの狂気の象徴が原爆投下だったと言えるのではないかと彼らに聞きました。

お二人も、確かにアメリカの良心と言いますか、アメリカの長所が憲法九条に表れているとおっしゃっていました。また原爆投下については、カズニック先生が主に答えられたのですが、アメリカの狂気ととらえるよりも、明確な戦争犯罪としてとらえるべきであると指摘されていました。

鳩山　狂気以上のものだということですか。

木村　そうです。そのような言い方でした。やはりアメリカという国は、本当にいろんな側面をもった国で、非常に民主主義的なすぐれたところもあれば、帝国主義的な暗部というか、深い闇の部分もあると思います。

鳩山　確かにアメリカという国、あるいは国民性が、まさに良心と狂気、裏表の二面性をもっているとは思います。たぶん狂気の面も、自分としては戦争犯罪をやっているとか、間違ったことをやっているという部分には目をつむって、自分たちは正しいことをやっている、戦争を終わらせるためには必要だったのだというような思いで、実際は犯罪でありながらも、犯罪とは思わず、戦争をやめさせるための良心なのだという判断を表に出して、行動してきている。

テロとの戦いに関しても、あるいは「アラブの春」のようなことであっても、他国の政治に間違いなく干渉しているのですが、この政権を倒すことが良心であるとひとたび判断すれば、そのためには手段も選ばず、武力で一般の国民を平気で殺すことができる。それが良心であり、民主主義を、あるいは自由主義を守るための戦いなのだと、自分自身を納得させているように私には思えます。

良心の皮を被って、本当に狂気のことも、結果として行っている。俺は正しい、正義なのだという判断のもと、まさに神の良心のもとで、戦争犯罪までをも犯すことに躊躇がないという、そういう国のように感じます。

白井聡さんがよくおっしゃっているのは、アメリカの「暴力」と「文化」といった視点です。強大な軍事力を背景に暴力的な側面を一方に見せておきながら、他方ではやはり文化的な側面を戦略的に駆使している。その象徴がディズニーランドですが、そういったアメリカ文化によって日本国民もそうですし、多くの国の人々の心を引きつけています。一般の人たちの生活に関しては、文化のほうが日常のテーマだけに、親しみがあるわけです。非常に巧みにアメリカ文化の魅力を人々に浸透させて、アメリカはいい国だ、楽しい国だ、民主主義のすばらしい国だということを信じ込ませていきます。そういう部分もうまく使いながら、人心をコントロールしてきているということだと思います。

木村　広島、長崎への原爆投下を慈悲深い人道的行為だと言ってのける、あの精神こそ、アメリカの二面性と言えるでしょうね。対日占領計画も、すでに1943年の段階で、ほぼ完成していたと言われています。アメリカは日本との戦争に負けることなどまったく考えていないわけで、戦争中から日本を戦後支配し教育していくための準備とそれを徹底的に正当化するための理論的な武装がなされていたのです。
また、文化的な面による人心コントロールについては、ハリウッドの影響力が大きかったと思います。ハリウッドには、ペンタゴンの予算がかなり入っていて、何らかのプロパガンダの意図をもった映画がたくさんあります。やはり映像の影響力は大きいものです。だから正義論とハリウッドによって、アメリカはこれまで、自国の歴史を正当化してきていると言ってもいいのでしょう。

鳩山 そのハリウッドのなかで、オリバー・ストーン監督は、真実を追求するという意味で異色ですね。

木村 もちろん少数派ですが。

鳩山 とても貴重な存在だと思いますが、ある意味、危ないですよね。狙われたら、非常に怖いなとは思います。

木村 そのとおりです。彼の作品は、大手の配給にならないものが多くあります。『JFK』も、最初、アメリカ国内では上映できなかったのですが、海外で評判になってから、やっと本国アメリカで上映できたという経緯があります。『プーチン』も、なかなか大手の配給は難しい。ドキュメンタリー番組『語られなかったアメリカ史』もアメリカではケーブルテレビでしか放映されていません。日本ではＮＨＫの衛星放送だけが『もうひとつのアメリカ史』というタイトルでやりましたが。

鳩山　それだけ映像、映画のインパクトの大きさを知っていて、恐れている人がいるということですね。だからなかなか、大々的には上映されない。

木村　そうです。ストーン監督の作品自体が、アメリカのタブーを扱っているからです。

市民革命のように見せかけて、他国の政権を転覆する常套手段

木村　冷戦終結後、中東では、「アラブの春」と言われましたが、市民革命のように見せかけた、クーデター的なものがさまざまに起こりました。旧ソ連諸国で起こったグルジア紛争、ウクライナ紛争も、ロシアを敵視する勢力によって意図的に起こされた可能性があると考えています。

アメリカには全米民主主義基金（NED）やジョージ・ソロスのオープン・ソサエティー財団（OSI）などがあって、これはアメリカのコントロールできない国を、独裁国家、ならず者国家、テロ（支援）国家と見なして、政権転覆・体制転換するための資金提供をするものです。ウクライナでも、そういったアメリカの動きが背後にあったという事実が明らかになってきています（ウィリアム・ブルム著

益岡賢訳『アメリカの国家犯罪全書』作品社、を参照)。

具体的に言えば、米国のビクトリア・ヌーランド国務次官補(欧州ユーラシア担当)と駐ウクライナ大使ジェフリー・パイエトが選挙という正統な手段で選ばれた親露派のウクライナのヤヌコビッチ大統領を追い落とし、親欧米派のポロシェンコ氏を担ぐための謀略を巡らせていたということは、二人(ヌーランドとパイエト)の電話の通話内容が暴露されて明らかになっています。ビクトリア・ヌーランドの夫がロバート・ケーガンというネオコンの理論家というのも注目すべき事実です。

そして亡くなられた共和党の軍事委員長だったジョン・マケインや、ヒラリー・クリントンは、ビクトリア・ヌーランド、あるいはジョージ・ソロスというハンガリー系の投資家などと一緒に、アメリカと敵対する政権の転覆、事実上のクーデターを支援する動きをしてきたとも言われています。

そういった諜報活動、内政干渉を、「アラブの春」だとか、「カラー革命」などと、あたかも独裁政権に反対する市民による民主化革命であるかのように正当化して、実はその背後でアメリカが介入を繰り返してきたという経緯があります。

鳩山 いちばんの問題は、我々日本人には、常にアメリカというフィルターを通してしか、ほとんどのメディアが報じないので、真実が知らされていないということです。

テロとの戦いについても、木村先生がおっしゃったとおりだと思います。その戦いのなかで起きてくるアラブの春は、まさにつくられた春で、主としてアメリカが陰謀をこらして、政府に対して批判的なわずかな人たちを扇動し、それを大きな流れにし、資金や武器なども提供して、自分たちの気にくわない政権は倒してしまおうというものです。またそういった行為を、民主化であると正当化して、行ってきたわけです。

しかしその後、その国々が民主化されて、非常にステーブルな、人々が幸せに暮らす国家になっていれば、まだそれでもいいのかもしれませんが、現実は、アメリカが手を下した国々のほとんどが、たいへんな混乱に陥っています。この現実を鑑みると、これはたいへんな犯罪行為であると私は思います。

そういった紛争を起こしながら、いわゆる軍産複合体、軍需産業が栄えてきているわけです。こういった国家と戦うということは、よほど勇気が要る話かとは思いますが、日本がもしアメリカの友人であるならば、本当はそのような国に唯々諾々と従うのではなく、むしろ言うべきことをきちっと言って、諫めるべきところは諫める勇気を日本の為政者としてはもたなければならないのでしょう。そのようなことをすれば、日本の為政者はみんな、葬り去られてしまうかもしれませんが、その意識はもたなければなりません。

木村　本当に必要なのは、その覚悟、勇気ですね。

鳩山　覚悟が必要だと思います。それがあまりにもなくなって、とにかく誰がアメリカの大統領であっても、その大統領には従うのだという傾向がとても強くなっています。これまで進めてきた政策とはまるで逆であっても、盲目的に従ってしまうような日本の政治姿勢、指導者の姿勢は、私はもっとも好ましくないと思います。

木村　特にいまの安倍総理ですね。トランプ大統領だけではなく、プーチン大統領にも露骨に追随するような姿勢が強く出ています。

鳩山　そうですね。これでは、自分の考えは何なんだという話になります。

報道されない
ウクライナ・クリミア問題の真相

木村 ウクライナ問題は先ほど述べたような構図で、民主主義で選ばれた親露派の政権が、あたかも下からの市民の民主化革命で打倒されたみたいな形になっていますが、実は裏ではアメリカのクーデター的な転覆工作があってなされたものです。

しかも、そのプロセスを見ていくと、リビアのカダフィ政権を打倒したあと、イスラム過激派の一部をシリアやウクライナに送り込んだと言われています。ポロシェンコ氏などウクライナの親欧米派の人々は、実体的にはネオナチに近い発想の人々だったので、ヤヌコビッチ政権を転覆させて実権を握ったあと最初に、ロシア語の禁止令を打ち出しました。そして、一部のロシア系住民に対する迫害、虐殺も行われ、それに対する反撃として、ウクライナ東部での内戦状況がもたらされます。

この内戦状況がクリミアに広がるのを防ぐため、すでにクリミアに駐留していたロシア軍が国境を先に押さえたというのが全体の流れだと思います。

その後、クリミアのウクライナからの分離独立とロシアへの編入を問う住民投票では、国際監視のもと、圧倒的８割以上の支持でそれが決まったにもかかわらず、これをロシアの侵略と併合であると一方的に見なして、欧米諸国がロシアに制裁を課して現在に至っています。

鳩山先生は、クリミアの問題が起こったあと、１年後にクリミアを訪れ、当地の実情をご覧になってこられたとお聞きしましたが、このウクライナ問題・クリミア問題を、どのように見ていらっしゃいますか。

鳩山　もともとクリミアは、ロシアのものだったのです。それをフルシチョフの時代に、１９５４年、当時はソ連の一部であったからですが、ウクライナに移してしまった。

木村　フルシチョフはもともとウクライナ人ですからね。

鳩山　その後、ソ連が解体し、ウクライナが独立をしていくということは想定してなかったわけです。ウクライナ独立のなかで、クリミアもウクライナのなかに編入されてしまっていた。

ですから、ウクライナになったクリミアにいる人たちの過半数はロシア人であって、ロシア語を話しているわけです。タタールの方などもおられますが。

いまお話があったように、ヤヌコビッチ政権が倒されて、それは市民による民主化革命だというふうに言われましたが、現実には、特にアメリカによる策略でなされた可能性があります。はじめは小さなストライキのような反政府活動でしたが、ストをしている住民が殺されて、非常に大きな活動に展開していきます。しかし、どうやら政府側がストをしている住民を殺したのではなく、むしろ反政府側が殺して、「政府にやられた」というアピールで市民の怒りをあおり、矛先を政府に向けていったとも言われています。

木村 まさに怒りと恐怖による人心操作・世論誘導です。

鳩山 つまり、そのようなつくられた革命によって、ヤヌコビッチ政権は追い払われていったわけです。

そしてロシア語も公用語でなくなるとしたら、クリミアの人たちは、政府などに登用されていかなくなるわけです。そういった危機感のなか、自分たちはもともとロシア人なのだから、ロシアに戻りたいという気持ちを強めた。

確かにロシア軍が入ってきたのは事実なのでしょうが、いろいろ聞くと、入りはしたが、一発の銃も撃っていませんという言い方をします。

木村　ロシア軍が入ってきたというよりは、駐留しているものが、内戦勃発を防ぐために、国境に移動したということです。

鳩山　私は、何も発砲していないというロシア側の言葉を信じたいと思っています。現実に、1年後にクリミアを訪れたら、本当に静かで、ロシアの軍隊の影も形もどこにもないわけです。もちろん軍港に行けば軍はいますが、それは港や施設内にいるだけで、特に市街にいるというわけではありません。

クリミアは風光明媚な保養地で、魚介類もおいしくて、それこそ日本人が好んで行きたがるような場所です。本当に穏やかなところなのですが、いまはクリミアに住んでいる人たちが、例えば日本に行こうと思っても、行けないという制裁を課されています。これは本当にひどい話だと思っています。このような経済制裁など、さまざまな制裁は早く解くことが、正義ではないでしょうか。

日本もいま、安倍首相が北方領土問題でいろいろとロシアと交渉しておられますが、日本こそが最初にウクライナ・クリミアの問題を理解して、どちらが正しいか、わかった、だから経済制裁はやめるよということを宣言すれば、プーチン大統領の心証をどれだけよくするかわからないと思います。

それがすぐに領土問題にいい結果をもたらすほど簡単ではないと思いますが、心証をよくするということは、非常に重要なことで、しかも歴史を正しく認識するということの重要性というのは、私はたいへん大きな意義があると思っています。

アメリカは基本的には、オバマ政権のときでも、ロシアに対する対抗意識を露骨に示していて、冷戦が終結したにもかかわらず、現実的に米露の対決の構図ができてしまっていることは、世界にとってとても不幸です。

小泉政権がイラク戦争へ加担した経緯を再検証しなければならない

木村　冷戦終結後、ＮＡＴＯは解体するどころか、一方的に拡大膨張しつづけています。レーガン大統領が交わしたゴルバチョフ大統領との約束をアメリカはまるっきり反故にした形で、旧ソ連諸国にまでＮＡＴＯを拡大してきています。グルジア紛争も実は、そのために起こされたのです。たしかあれは、北京オリンピックのときでした。そして、ウクライナ紛争が仕掛けられたのも、ソチオリンピックのときです。

オリンピックのときのロシア、プーチン大統領の油断を突いて、紛争を意図的に起こしたとも言われていますが、ＮＡＴＯはポーランド、バルト三国、ブルガリア、ルーマニア、ウクライナと次々に拡大してきて、ロシアのもう国境寸前まできています。

つまり、軍事的な脅威を受けているのは実はNATO諸国ではなく、むしろロシアなのです。それなのに、ロシアの脅威、プーチンの脅威、というまったく逆のことが言われているのです。いかにもロシアが攻めてくるかのような、プロパガンダです。

私はたまたま2018年、リトアニアの大学に講義で行ってきましたが、そのときもリベラルで知的な人でさえ、ロシアの脅威を生々しく語っていました。それくらい、ロシアの脅威というプロパガンダが浸透しています。しかし、本当はNATOの拡大自体が、その地域の最大の脅威なのです。

鳩山　私もそう思います。

木村　冷戦終結のころは十数か国だったNATO加盟国も、2017年のモンテネグロ加盟で、いまや2倍近い29ヵ国にもなっています。

鳩山　東西冷戦を終結させたときは、ソ連のほうはワルシャワ条約機構を解体させたわけですよね。それなのに、一方があまりにもアンバランスなことをしている。

とても愚かなことですよ。

木村　ブッシュ政権が2期続き、その後、オバマ政権も2期。そして現在、トランプ政権になっていますが、アメリカのリベラルな人たちの多くは、ブッシュ政権はアメリカの歴史のなかでも、特に異常な、逸脱した政権であって、最悪だったという評価です。それをオバマが「I can change」でようやく変えて、もとのアメリカに戻ったのだという評価をしています。

ところが、オリバー監督や、カズニック先生に言わせれば、オバマは確かにリベラルなところがあったので、自分たちも最初は期待をしたが、就任早々に、ディープ・ステートに取り込まれたと指摘しています。そして、オバマは8年間、戦争を続けた稀な大統領だったと言います。大統領になったときも戦争を継続していたし、2期目も戦争をずっとやり続けて拡大したのがオバマであったという指摘です。アメリカによって犠牲になった人々の数は、ブッシュ政権の8年間以上に、オバマ政権のほうが多かったとも指摘しています。そのオバマがチェコで核兵器廃絶を訴えたというだけで、その直後にノーベル平和賞を貰うというのはあり得ない異常なことだと言っていました。

オバマ大統領に対する評価は、アメリカだけではなく、日本にもいまだに強い幻想が残っていて、現在でもトランプではなくオバマに大統領になってもらいたいという評価が見られます。

もちろんブッシュ政権時代というのは、最悪の悪夢の8年間だったと私も思います。ブッシュ大統領が2期目の当選を決めた直後には、アメリカからカナダに亡命した人がいたくらいだと聞きます。

しかしその後、大統領となったオバマも、彼ら二人が言うように、早々に変質して、ディープ・ステートに取り込まれたと私も思います。そもそもオバマ政権ができるときに、国務長官にヒラリーがなったこと自体が、オバマの意志が通らない組閣であったことを示していると思います。そして、そのヒラリーが、リビアのカダフィ政権の崩壊とカダフィ大佐殺害を指揮するわけです。また、このことは、ヒラリーのメール問題に関連したベンガジ事件（2012年9月11日に、リビアの東部ベンガジにあるアメリカ大使館が、イスラム過激派に襲撃され、クリストファー・

スティーブンス大使と大使館職員3名が命を落とした事件）で明らかになっています。

実はISなども、アメリカがヒラリー国務長官を中心にして実質的につくったものです。オバマ大統領はそれを、結局、容認したのです。だから、主犯はヒラリーでオバマは共犯だと、トランプ氏は大統領選の最中に言っています。そして、ヒラリーのメール事件で、その事実の一端が明らかになったという経緯があります。

鳩山　なるほど。ブッシュ大統領に関しては、「9・11」事件が、まさに暗部でしょう。ブッシュ大統領が、いわゆるイスラム系の人たちから嫌悪され、ああいう事件が起きてしまったのではないかと思える程度の大統領だったと思いますし、また、その事件による恐怖を、国民をコントロールする術として使っていたという可能性も消えないと思います。

その後のテロとの戦いを見ていても、とても正気の沙汰とは私には思えません。当時、小泉政権のときの民主党は野党第一党として、イラクへの自衛隊の派遣に強く反対しましたが、残念ながら実りませんでした。ブッシュ大統領と非常に仲のよい小泉首相が、イラク戦争に加担してしまったということは、日本人がもっと検証しなければならないテーマだと私は思います。

オバマ大統領には、私も総理として何度かお会いしました。本来ならば簡単に大統領になれるはずもない出自を超えて、まだ若いというのに大統領になるだけの魅力があったのでしょう。演説もとても上手で、「I can change」という彼の言葉に、私も総理になって「I can change」という思いをもっていたのでとても期待していました。

しかし、何度かお会いして会談をしましたが、そのなかでは、オバマ大統領の実際の部分というのは、なかなか見えてきませんでした。リベラルな大統領に私も期待していたし、「自分も政権を交代させたのだから、あなたも前の政権と同じことを、そのまま踏襲する必要はないよ」という意味合いのことを、私にも言ってくれ、これは期待感をもったわけです。

ただ、いわゆる普天間・辺野古の問題を考えても、結局、私に対して彼が協力してくれたということはなかったです。早く結論を出してくれということだけを、常

2003年12月から2009年2月まで、イラクの国家再建を支援するためとして、自衛隊がイラクへ派遣された

に言うだけでした。やはり、オバマ大統領のリベラルな部分は大いにあったと思うのですが、結局は大きなパワーの前に、現実の行動にはならなかったのだと考えています。

彼がプラハで核廃絶について演説したことも、彼自身の実現したいという思いはあったと思うのです。核兵器の廃絶はしたいという思いがありながら、現実の前には、まったく無力だったということだと思います。これは私自身も、反省しなければならないことだと考えています。

結局、彼自身の希望は、まったくか

なえられることはなかったのではないでしょうか。それだけではなく、結局、ブッシュ政権のときの問題の多い権限についても、決して手放すことなく、電子メールなどを傍受することや拷問などの正当性も認めてしまっていると聞きます。その意味では、表面的なメッセージと、現実に彼がやれたこととというのが、あまりにも乖離が大きかった大統領ではないかと、私は思っています。

最初から悪人面して、悪いことをする政治家と、善人ぶって、結局、正しいことができなかった政治家と、どっちがひどいかといった話になるんだろうと思いますが。

何も実現できず、軍産複合体に飲み込まれたオバマ大統領

木村　私もオバマ大統領は本来、非常にリベラルな素質をもった政治家であったと思います。

最初に出した大統領令は、実はグアンタナモ基地の閉鎖と捕虜たちへの拷問の禁止でした。ところが結局、それは実現できないまま任期を終了したわけです。銃の乱射事件があったときも、オバマ大統領は銃規制を打ち出すのですが、ライフル協会と議会の反対でつぶされてしまった。彼が本来やろうと思っていることは、キューバとの国交回復やイランとの核合意などもありましたが、「世界の警察」をやめるという約束が実現できなかったことに見られるように、ほとんど大きな結果を残せませんでした。

チェコのプラハ演説にしても、あれはチェコへのミサイル防衛（ＭＤ）システムの配備のために行っていて、実はそういった問題もあの演説のなかで触れられています。だからＮＡＴＯの東方拡大とミサイル防衛（ＭＤ）システムという名の先制攻撃システム配置というアメリカの軍事戦略、軍産複合体の意向からは、まったく抜け出すことができなかったというのが、オバマ大統領の現実の姿であったと言えます。

もともとオバマ大統領は、トランプ大統領とは違って、軍産複合体のコントロール下から逃れることを期待できない弱さをもっていたと言えます。なぜなら、選挙資金の大半を小口で集めたというのは実はつくり話で、実際は5分の3から5分の4は、大口のゴールドマンサックス等から集めていたのです。もちろん小口の一般市民からも集めましたし、多くのボランティアが選挙応援に駆けつけたことは事実ですが。

しかし、よく考えていただきたいのは、上院議員2期目で、大統領にいきなりなれるわけが普通はないわけです。オバマは、２００４年の民主党全国大会の基調演説をして初めて名前を知られるようになったと言われていますが、やはりそれは彼を抜擢した人がいたのです。それがデービット・ロックフェラーじゃないかと言われていますが、オバマはそういう登場の仕方をしているのです。

ヒラリーについては、彼女はオバマと大統領選を争って敗れたあと、オバマ政権の国務長官になりますが、この人事をオバマが喜んで受け入れたとは到底思えません。ヒラリー入閣の背後には、まさしく軍産複合体やウォール街、国際金融資本の大きなネットワークがあると言われていて、先の大統領選挙でそういった勢力を代表する人物こそ、実はヒラリーであったのではないかと見られています。

「結局、オバマ政権の2期は、ブッシュ政権が3期、4期、続いたのと同じであり、まったく期待が裏切られた」と、オリバー監督とカズニック先生は評価しています。

鳩山　結果として、そうですね。

ヒラリー・クリントンに関しては、私も同じ見方をしています。ですから大統領選でトランプ対ヒラリーになったときは、ヒラリーが勝ったら、ますます軍産複合体が活性化されるので危ないと思いました。

ただ、いまお話があったように、オバマ政権ができたとき、すぐにヒラリーが国務長官となったことについては、私は最初、別の見方をしていました。すなわち、激しく戦った二人が一致団結して協力するという姿勢を示すことが、民主党の結束を高めることは事実ですから、それをうまくやっているのだと思ったのです。しかし結果として、そのことが軍産複合体がオバマ政権誕生のときから、決して勢いが衰えることがなかったということに、つながったのだと思います。

ロシアゲート疑惑とは何だったのか

木村　トランプが大統領になった大統領選のことを、少し振り返ってみたいと思います。おもしろいと思うのは、トランプもサンダースも、実はもともとの共和党員でも、民主党員でもなかったというところです。

鳩山　そうだね。

木村　そんな二人が圧倒的な支持を得たということ自体に、既存のアメリカの権力構造に対する揺らぎが、あの選挙のなかで起こっていたということが見てとれると思うのです。

　旧権力を代表するのが、ヒラリーです。ヒラリーは、ビル・クリントンが大統領になった時代も、その後、彼女自身が上院議員になった時代も、ブッシュ政権とも非常に親和的でありましたし、好戦狂と言われるような部分があった人です。実はヒラリーとサンダースが争った民主党の予備選挙のなかで、大掛かりな不正選挙がされていたということが明らかになっています。そして民主党全国大会でその選挙の統括責任者が辞めているのです。サンダースが予備選のときに、最後まで下りなかったのは、そういう理由があったからです。サンダースは、結局は妥協して下りました。僕は民主党の予備選は、本当はサンダースが勝っていたところを、ヒラリー陣営による不正選挙によって覆された可能性が高いと考えています。

その真相を暴露したのが民主党のサンダース支持者であり、その人がヒラリーが関わってきた不正行為の情報をウィキリークスのアサンジに提供したと言われているのです。その人物も、2週間後に銃で撃たれて亡くなっています。その人物が亡くなったあとで、アサンジさんが異例にも、情報源を示唆するわけです。

鳩山 殺されたわけですか、その情報提供者が。

木村 はい。何者かに殺されています。そして、メディアはほとんど全部、ヒラリー支持でしたから、そういったことは、まともに報じられることはなかったわけです。

元MI6の関係者だった人が、情報源と言われているのですが、ロシアがアメリカの大統領選挙に介入して、トランプに勝たせたかのような情報を、民主党の議員に提供して、議会である民主党議員が追及したのが、ロシアゲート疑惑の始まりとなったと言われています。

また、アサンジさんが入手した情報は、ロシアによる外部からのハッキングによって盗まれたものではなく、民主党内部の人が直接パソコンから入手してリークしたものだという情報も出ています。しかし、そういった情報はいっさい見向きもされずに、大統領選中から、しかも大統領選が終わって、2年経ったいまも、特別検察官の追及、議会での民主党による弾劾の動き、そしてメディアによるバッシングがやまないで、一貫して続いています。

あのオバマ大統領は、辞める直前の12月にロシアの外交官37人を追放しています。ロシアとの関係改善を唱えるトランプ氏が出てきて、その人がほぼ大統領に決まっているときに、しかも証拠もないのに、ロシアゲート疑惑を理由にしてです。

イギリスで起きた、ロシアのスパイが、何者かによって襲われて、殺されかけたという事件でも、ロシアのプーチン大統領のしわざだと断定して、外交官を欧米で100人以上、追放しましたが、それと同じやり方です。証拠がまったく開示されたりすることもなく、疑わしいという段階で、一方的に断定して、追放・制裁までした経緯があります。

鳩山 恐ろしいことをやるね。

木村 ですから、ロシアゲート疑惑の本質というのは、今日まで全然、表に出ることなく封印されていると思います。

鳩山 私はロシアゲートの本質をよくわかってはいませんが、2018年2月に久しぶりにワシントンを訪れたとき、日本の記者からいろいろと聞きました。このロシアゲートで追及している人たちは、それほど本質、本筋の連中じゃないんだということです。本当は大したパワーではありませんが、トランプ憎しと考えるメディアが執拗に追っかけて、小さなものを、大きな事件に見せかけていると聞きました。事実かどうかはわかりませんが、いまのお話を伺うと、確かにトランプが意図的に何かをやったというような話ではないような気がしてなりません。それが事実であるならば、もっと解明されていい話があるはずです。

木村　本来ならば、国家安全保障局（ＮＳＡ）がすべての情報をもっていますので、もうとっくの昔に開示されてもおかしくないのにいまだにされていません。

鳩山　それを開示しないということは、結局、ないということでしょうね。そういうふうに考えます。

木村　だからこれまで行われてきたマラー特別検察官の追及も、全部、枝葉末節なんです。本筋では全然ないのです。司法妨害だとか、違うスキャンダルとかで、トランプ氏周辺の人たちを次々と起訴しているわけです。

もうすぐマラー特別検察官の報告書が出されることになっていますけれども、僕はまともな報告書になる可能性はないと思います。

（マラー特別検察官の報告書は、その後の２０１９年４月に、一部を除いて公表された。そこでは、ロシアゲートに関する決定的証拠は示されずに、トランプ大統領は潔白ではないものの訴追の対象にはならない、というのが結論であった）

大統領選に噂される不正選挙疑惑

鳩山　私はヒラリー・クリントンさんには総理時代の前後に、それからサンダースさんにも2018年2月ですが、お会いしました。印象で申し上げると、やはりヒラリーは日本に対しては、上から目線で話しているなという印象をもちました。あくまでも私の印象ですが、私にはそのように感じました。

サンダースとは、彼の事務所を訪れて、たいへん忙しいなか、20分ぐらい面会してくれました。私はもっと辺野古の話をしたいと思っていたのですが、それよりも北朝鮮に対する考え方を、とても真剣にいろいろと聞いてきました。とても勉強熱心な人だという印象と、非常に誠実な、信頼できる方だという印象を感じました。少なくとも私に対して、上から目線で話すというよりも、どういうふうに考えているのだと真剣に聞いてくる方で、ヒラリーとは印象がまるで違いました。

木村　サンダースさんは、民主党の予備選では、あれだけの人気を博して、大きな旋風を起こしました。そして、結果的にヒラリーに負けたことで、かなりのサンダース支持者が、本選ではトランプに流れたと言われています。ヒラリーよりも、トランプのほうがマシだという評価です。

鳩山　私は、それは正しい見方だと思いますよ。

木村　私もそう思います。

ただ、メディアの圧倒的多数、新聞の200あるうちの180近くは、ヒラリー支持を前面に出して、トランプ・バッシングを大統領選中も終始一貫して行っていました。そして選挙資金も、ヒラリー陣営はトランプの3倍以上はありました。メディアをほとんど敵に回して、また、選挙資金も3倍以上多い相手に勝った事例などは、アメリカの大統領選挙ではこれまでなかったことでしょう。

ロシアゲート疑惑が明らかにでっち上げだと思うのは、圧倒的に多数の民衆が、トランプを支持していたからです。トランプ陣営の選挙集会には何万人も押しかけていましたが、ヒラリー陣営は数千人しか集まらず、困った末にレディ・ガガやハリウッドの有名人を呼んで人を集めるしかなかったと言われています。私は本選でも、実は大掛かりな不正選挙がやられていた可能性が高いと思っています。

実際、トランプは本選の途中で、「いま大掛かりな不正選挙が、ヒラリー陣営によって、やられている」と警告をしました。するとメディアが、トランプはもう負けたときの言い訳をしていると、いっせいにバッシングしたのです。

また、トランプは大統領選挙人では圧倒的な差でヒラリーに勝ちましたが、全体の得票数では、ヒラリーのほうが２００万〜３００万、多かったと報道されています。しかし私は、やはりここでもかなり大きな不正操作がされていて、実際にはトランプ陣営のほうが、全体の得票数ももっと多かったのではないかと思っています。

その不正選挙に関して、トランプは大統領になって間もなく、ものすごい大統領令を出しています。それは、不正選挙を徹底的に調べよ、今回の選挙だけでなく、過去の大統領選、特にブッシュの２回の選挙についても徹底的に調べよというものです。

ブッシュ大統領の選挙のことを言えば、1期目のときは、最後のフロリダ州で決着がつかずに、手直し集計をするか、しないかが、焦点になっていました。しかし、大審院が手直し集計はしなくていいという結論を出したことで、結局、ブッシュの当選につながりました。後日、「9・11」のあとですが、手直し集計をフロリダでしたら、ゴアが実は勝っていたのです。つまり、本当はゴアが大統領だったのです。ところが、ゴアはそのときに声明を出して、いまは「9・11」が起きて国難のときで、挙国一致すべきだと言って、もう争わない、裁判にもしないという姿勢を示したので、そのままブッシュ政権が続くことになったという経緯があります。

2期目のときは、大統領選で大掛かりな電子投票が採用されました。ディーボルド社など2社が選挙をとり仕切ったと言われていますが、その2社ともブッシュ政権に近い人が経営者でした。3000人しかいない州に、6000票入ったとか、ケリーと何度、入れても、ブッシュと出るとか、そんな不都合なことが、各地で起こったのに、不明確かつ不正な集計結果がまかり通って、ブッシュ当選につながりました。

非常に怖いのは、電子投票においては紙を残さないでいいという決定を、大審院が出したことです。もし紙で出さないならば、不正選挙がたとえやられていても、あるいは集計結果が間違っていても、あとから一切検証できないのです。

恐ろしいことに、日本でも麻生政権のときに、紙を残さないでいいという電子投票法案が出されていて、実は衆議院で通っているのです。ところが、参議院で比例名簿に掲載する順番などで揉めて、結局、流れたのです。そのときは共産党も社民党も全部、賛成していました。

鳩山　でも、不正というのは、紙でもできますよね。紙でもできるけど、証拠が残るということですか。

木村　電子投票が危ないのは、本人確認したうえで投票させますから、誰が誰に入れたという秘密であるべきことが、その投票機械を管理している会社や委員会、そして政権には筒抜けになることもあり得るところです。

鳩山　たしかに。でも、紙でもやれなくはないですね。

木村　トランプは不正選挙を調べる大統領令を出して、マイク・ペンス副大統領が委員長で、調査しましたが、結局、まともな情報提供を受けられず成果を挙げられずに解散しています。民主党が知事のところは、全然、情報を出さなかったからです。

日本国民もアメリカに盗聴されているというスノーデンの証言

鳩山　もしロシアゲートが本当だったら、不正選挙を徹底的に調べろと大統領令を出したら、トランプ自身の不正行為も明らかになってしまいます。自分は潔白だから、この大統領令を出せると普通は判断しますよね。

木村　本当にそうですよね。また、オバマ大統領がトランプ陣営を監視させていたという情報も、あとから明らかになりました。オバマ大統領は否定していましたが、大統領を辞めたあと、その情報が出てきました。そもそも、マイケル・フリンがロシアの大使と話していたというのは、盗聴で明らかになったものです。トランプ陣営は大統領選挙中からずっと全部、監視されていたのです。そうでもしないと、表に出るわけがない情報ですから。

マイケル・フリンという人物は、オバマ大統領のときの、国際情報局長官です。ヒラリーがＩＳをつくるような動きをしていて、それは危ないからやめるべきだとオバマ大統領に報告書を出したのも彼です。しかし、オバマ大統領は結局、ヒラリー国務長官の肩をもって、マイケル・フリンのクビを切ったのです。

その後、トランプは大統領選挙中から、マイケル・フリンをいちばんの右腕として、ロシアとの関係改善を進めていたという経緯があります。だからこそマイケル・フリンは、最初のターゲットにされたのです。そしてスティーブ・バノンが次のターゲットにされました。マイケル・フリンはロシアとの戦争を避けるべきだと、ずっと主張していましたが、スティーブ・バノンも、北朝鮮問題は話し合いで解決するべきだと言っていて、そのため政権から外されたとも言われています。こうしてトランプ大統領は、大統領になった直後に右腕と左腕をもぎ取られるわけです。

ここでスノーデンについても触れておきたいのですが、スノーデンの警告については、オリバー・ストーン監督が、『スノーデン』という映画をつくって明らかにしました。そのなかで彼は、日本の横田基地にいて、マルウェアというソフトを仕込んだと、証言しています。

鳩山　横田に何年かいたみたいですね。

木村　マルウェアとは、日本がアメリカに逆らったり、離反しようとしたら、日本に制裁を加えるための仕掛けです。マルウェアが作用すると、日本のあらゆるインフラストラクチャーは停電して使えなくなり、原発も停電したら冷やせなくなって爆発します。そういう、プログラムを密かに仕込んでいるとスノーデンは証言しています。

鳩山　そうですね。

木村　スノーデンが証言したもうひとつの重大な点は、アメリカ側が盗聴監視のためのシステムを日本に分け与えるから、日本自身が日本国民を全部監視しろと要求したのですが、日本政府はそれを断ったので、自分たちアメリカ側で行うことになったという証言です。

鳩山　もう、アメリカがやっているということですね。

木村　日本がやらないので、勝手にやったということも証言しています。この2つが、ものすごく大きな証言で、それを映画でオリバー監督は伝えています。その映画の最後のほうの、日本全国の電気が全部、ひとつずつ消えていくシーンが非常に象徴的です。

鳩山　日本が逆らうとそうなるということですね。

木村　これは、日本国民の生命と財産がすべて、アメリカに人質に取られているという警告なんです。

オリバー監督が前回来たときは、「なぜ日本はいつまでたっても独立しないのだ」という発言もありました。今回の来日では、「いま、日本が独立しているなんて思っているのは幻想であって、実際は、日本全体が人質に取られているのだという点を認識して相当の覚悟をもたなければならない」と指摘していました。

鳩山　『スノーデン』をよく映画化できたものだと、いまのお話を伺って、しみじみ思います。しかし、日本の命運が完全にアメリカに握られているという現実を提示している映画が日本で上映され、多くの日本人は見ているわけです。なぜ、こんな日本でどうするのだといった議論が、アメリカに対する憎悪、対抗心も含めて、湧き上がってこないのでしょうか。完全に日本は、去勢されているというふうに思わざるを得ないですね。

木村 残念ながら、そういう状況があると思います。ただ、このことを国会議員やジャーナリストに話しても、それを知らない人のほうが圧倒的に多いと思います。

鳩山 私も十分知らなかったのですが、ただ、すべてが盗聴されているだろうということは言われていました。

ネットの時代になれば、あらゆるものを盗聴しようと思えば、簡単にできます。ただ、それを1000人、2000人ぐらいのメンバーで、毎日、監視していても、何百億という情報が飛び交っているわけですから、現実的にできるのでしょうか。

木村 ブラックリストに載った人は狙い撃ちでやるのです。その他はキーワードに引っ掛かった人を全部、ピックアップするというやり方です。

鳩山 その両方、私はやられている可能性があります。まさに監視社会は、政府がすべての情報を握れる状況にしているということですよね。そして、日本政府だけではなく、アメリカは全世界の、すべての人間の情報を把握しているということですよね。

木村　よく言われるのがウクサ協定（ＵＫＵＳＡ）です。アングロサクソン５ヵ国で、全世界的な盗聴監視網を敷く協定です。アメリカ、イギリス、カナダ、オーストラリア、ニュージーランドの５ヵ国による協定で、イスラエルも情報共有していると言われています。１９４６年にまず米英間で結ばれ、その後、カナダが１９４８年、オーストラリアとニュージーランドは１９５６年に加盟しています。

　この情報が何年か前に明らかになって、欧州議会で大問題になりました。ドイツのメルケル首相のケータイが、ずっと盗聴されていたということが判明して、欧州議会、ヨーロッパで大問題になったのです。その当時、日本もやられているに違いないという声が出ましたが、結局、「アメリカを信頼しているので、彼らはそんなことはしないだろう」という意見が支配的で、日本は抗議も一切しなかったし、日本に対して盗聴活動があったかどうかもまったく調べませんでした。

鳩山　日本も明らかに盗聴されていると思いますけどね。ただ、大した情報もないということではないでしょうか。

木村　まず、アメリカの言いなりですし、それほど警戒する必要もないと認識されていてもおかしくないです。

鳩山　軽く見られていることは間違いないでしょう。しかし日本人がそこまでなってしまっているのは、情報が操作されるということがいちばん大きいのでしょう。メディア自身が真実を追求する心を失って、日本政府、そしてアメリカに対して、完全に従属してしまっていることが、国民に対しての大きな影響を与えています。

木村　ですから、いま日本にとって本当に必要なのは、権力と一体化して情報操作・世論誘導を行う御用メディアではなく、権力を監視・批判できる市民による対抗メディア、ソーシャル・メディアとそれを支える強力なシンクタンクの設立だと思います。

鳩山　これはつくらなければいけないのでしょう。

総理大臣もままならない「対米従属構造」の実態

木村　「日本はなぜアメリカの属国であり続けるのか」、とオリバー監督は一貫して指摘されています。また、普天間基地移設問題にかぎらず、「なぜ、対米自立を掲げる鳩山政権のときに、鳩山首相は日本の自立のために、もっと戦えなかったのか」といった非常に厳しい質問もされています。「戦後、アメリカに逆らった日本の首相は、鳩山ひとりだけじゃないか」とも、以前、来日したときにオリバー監督は語っていました。それだけ鳩山政権、鳩山首相に期待していたのに、残念な結果に終わったというのが、オリバー監督、カズニック先生の共通の思いです。

鳩山　はい。それは自分自身の実力不足だというひと言です。

まず、なぜアメリカの属国であり続けるのかという質問については、日本人の多くが、依然として冷戦構造的な発想からまったく抜け切れておらず、アメリカに追随していれば、この国は幸せになるだろう、平和は保てるだろうという誤解を強くもっているという現実があります。そして、そういう国民の思いを利用して、アメリカに従属する方向に政府と外務省が国家の運営を誘導しているという問題があります。

いわゆる日米安保体制のなかで、日米合同委員会というものをつくり、そこで米軍と日本の官僚たちが国民の知らないところで、非公開で秘密裏に国の重要事項を決定するという構造があり、それはいまでも続いています。そして、その日米合同委員会のなかで活動している日本の官僚たちが出世して、国家の中枢に携わっていくという仕組みが出来上がっているのです。

官僚たちはアメリカに従属することによって出世し、その出世する人たちがこの国をリードしていくという構造が長年かけて確立されているため、一人、二人が行動を起こしたところで、なかなかこの体制は変えられるものではないのです。

役人のみなさんも、出世するのがいちばんですから、この国のため、国民のためにというふりをしながら、結局は出世のために行動してしまうのも無理もないことなのでしょう。そのように行動していくことで、いつの間にかアメリカに従うことが、自分のためであり、そして日本のためにもなるのだという、錯覚に近いものも生まれてきて、官僚システム全体がその方向に動いてしまってきたと言えます。

そして、その構造の上に大臣、政治家も乗っかっていると言えます。植草一秀先生がおっしゃることですが、ある意味でこれは、「米・官・業・政・電」（米は米国、官は官僚、業は業界・産業界の大資本、政は利権政治家、電は電波・テレビなどのマスメディア）の癒着構造であって、そのなかにいさえすれば、それなりの人生を送れるという仕組みとなっています。逆に、そこに逆らって、その外に出たりすると苦しい人生を歩むことになりますので、その「米・官・業・政・電」の悪徳ペンタゴンのなかに入り、アメリカに従属することでそれぞれが、自身の安泰を実現してきたということだと思います。

つまり、いまだに属国であり続けるのも、「気づいたので改めます」と簡単に変えることのできないこのような構造があるのです。私が総理になったときも、そのような悪徳ペンタゴンというものが出来上がっていることを十分に認識していなかったため、自分の理想論を掲げていましたが、なかなかそれを実現することはできませんでした。

ある意味これは、オバマ大統領と一緒だったかもしれません。自分のやりたいことははっきりとあるのですが、しかし、どうやったらそれを実現できるのかという精緻な方法論を考える暇もないなかで、悪徳ペンタゴン、特に官僚機構によって、うまくアメリカの方向に自分がリードされてしまいました。官僚たちは笑顔で近づいてくるのですが、その笑顔のなかでうまくアメリカのほうに誘導され、気がついたら、もう自分の思いとは、ほど遠い結論を生み出さざるを得ないことになっていました。

それで、これは戦うしかないとも思いました。しかしすでに、民主党のなかでは、もう小沢さんや、輿石さんなどから、もう無理だろうと……。

木村　やはり選挙のことを考えますから。

鳩山　これでは選挙を戦えないぞ、どうするんだというところまで、突きつけられました。結局、自分が辞めることによって、党が再生され、自分の信念や、やりたいと考えていたことが、次の民主党政権で実現できるならば、そのほうが正しい行動だと判断し、私は辞める決断をしました。

木村　鳩山先生は辞任なさるときに、辺野古基地の県外移設をあきらめ、沖縄の米軍の抑止力というものを認めてからお辞めになりました。しかし、これは白井聡さんも指摘していますが、「できれば国外移設、最低でも県外移設」という当初からの方針を堅持し続けて、それが実現できないなら辞めるという形にすべきだった。沖縄のため、日本のために米軍基地を国外、あるいは県外へ移設しようと日本の総理大臣が動いても、その意図は結局はつぶされるのだということを、あのときにははっきりと可視化すべきだったということだと思います。

鳩山　それは孫崎享さんからも言われています。

確かにそのような意見もわかります。ただ、次の選挙で辺野古が最大の争点になったら、とてもこの政権はもたないだろうという思いがありました。そのため、何か一定の答えを出さなければならないという焦りがありました。

木村　私は結果的に、その後、沖縄県民が立ち上がって、「オール沖縄」という、自立を訴える大きな動きが生まれることにつながったことをいま見ると、あのお辞めになり方にも、不本意ではあってもそれなりの意味があったとは思っています。

鳩山政権、トランプ政権の類似点

木村　私は、鳩山政権とトランプ政権にある種の類似性・共通点があることを強く感じています。というのは、アメリカの大統領選挙や、日本の民主党が政権交代をした総選挙では、その最中、あるいはその前から、メディアと検察、情報機関がトランプ氏、鳩山さん（と小沢一郎氏）を攻撃し、お二人が大統領や首相になってからも、それは続いてきたという点があるからです。日本の政権交代後も、鳩山首相と当時の小沢幹事長が検察とメディアから攻撃を受けてきましたが、それはまさしくディープ・ステートといっていい、既得権益層、悪徳ペンタゴンに挑戦する対米自立・脱官僚政治を掲げた新政権への抵抗・反撃であったと言えます。

トランプ大統領はサンダースやオバマとは違って、お金を持っていて、ある程度の独立性があって、これまでの政治に手を染めていないから比較的自由であり、既存の体制や既得権益層へ挑戦する姿勢をもっていると思います。ただ、実際に、トランプ大統領がやっていることは、それと矛盾するようなことも多々あります。例えば、軍事費を大幅に増やしたり、同盟国に武器を大量に売りつけていることなどです。鳩山先生は、トランプ大統領をどう見ていますか。

鳩山 いまの話につけ加えると、トランプ大統領の資産とは比べ物になりませんが、私もある意味、政治資金には困らないなかで政治活動をしてきたという類似点があると言えるのでしょう。いわゆる「政・官・業」、特に業との間の癒着はいっさいなかったので、癒着の構造からは無縁でいられました。逆に、おふくろからカネを貰っていたのが、いかんということで批判もされましたが……。

木村 その件は完全に決着はつきましたよね。

鳩山 はい。それはつきました。

いわゆる業界との間の怪しい関係というものがいっさいないことで、トランプ大統領も私も、いまの癒着の体制に対して、もの申して、新しい政治を起こさなければばならないと言っているのでしょう。

彼の場合は、いわゆる軍産複合体的な絶対的なパワーだと思われていたものに染まらない政治を、ビジネスの観点からできないかという発想をもっていたのだと思います。それが完全に実行できずに、だんだんと力づくで、軍産複合体の方向に引き寄せられていくのではないかという懸念は感じます。私も軍産複合体ではないですが、いわゆる「政・官・業」、あるいは「米・官・業・政・電」といった旧態依然とした政治を変えたいと志向している類似点はあったと思います。

ただ、私がトランプに見習うところがあるとすれば、それがいい政策であるかは別としても、最初に宣言したものを、常に守ろうとする実行力です。彼の実現力、そのパワーはすばらしいと言っていいのでしょう。私とは違います。

木村　ただそれは、アメリカと日本の政治制度の相違、大統領制と議院内閣制の違いが大きいと思います。

鳩山　それは大きいと思います。

彼の実行した政策に関して言えば、イランに何度も行った私からすれば、核合意からの離脱などはまったく評価できませんし、気候変動への国際的取り組みを決めたパリ協定からの離脱も評価していません。背景には、オイル利権をめぐる暗闘があるのだと思います。

北朝鮮問題に関しては、米朝対話を進めようという姿勢、意欲は大いに買いたいと思いますが、一方のベネズエラやメキシコに対する政策はほめられたものではないでしょう。それらも基本は、背景にオイルがあるのでしょう。オイル利権が奪われるということに対して、これはアメリカの公益だというふうに見て、関係国に内政干渉のようなことをやりすぎている部分があり、その部分は私には賛成できません。しかし一部でやろうとしていること、軍産複合体にまだ完全に染まっていない点には、彼に期待感ももっています。

木村　トランプ大統領とトランプ政権の評価できる部分と、評価できない部分が混在しているということだと思います。しかし、いちばん大事なのは、やはり世界の警察をやめるとトランプ大統領が明確に意思表示している点です。トランプ大統領はシリアやアフガニスタンからの撤退も打ち出していますが、自国の兵器を他国に大量に買わせて、軍産複合体を潤している面もあります。現時点で言えることは、朝鮮半島問題での平和的解決を志向するという姿勢や、ロシアとの軍事的な対立を避けるという姿勢はまだ変わっていないということならば、トランプ大統領は、まだまだ軍産複合体やディープ・ステートに本格的に取り込まれていないと評価できます。トランプ大統領がツイッターをやめるときが、軍産複合体やディープ・ステートに屈伏したときだと私は思います。

安倍総理により極限まで対米従属が進んだ日本

木村　さて、鳩山政権が行った対米自立・脱官僚政治を模索した画期的な政策はいくつかありました。１９９０年代半ばからアメリカが自国の国益のために日本の諸制度を改造させることを目的としてやり取りしていた年次改革要望書を停止し、インド洋で補給活動をしていた海上自衛隊の延長派遣を認めずに途中で引き揚げさせました。東アジア共同体構想を打ち出し、常時駐留なき安保論を理論的武器としてもったうえで、普天間基地の国外移設、県外移設を目指しました。

また、各省庁の事務次官会議を廃止して、官僚の聖域であった特別会計に手を入れたということも、非常に画期的でした。メディア改革の一環としての記者クラブ開放も行いましたし、取り調べの可視化を含む司法改革にも手をつけようとしていました。

そのように考えると、実は、鳩山政権が成し遂げた画期的なこともとても多く、それゆえメディア、検察、官僚、アメリカなど既得権益層から、目の敵にされて執拗に攻撃されたのだと思います。

そのような鳩山民主党政権の成立と崩壊などの経緯を経て、いま、ふたたび登場した安倍政権が対米従属や新自由主義を極限まで推し進め、軍事大国化を目指して暴走しようとしています。鳩山先生は脱大日本主義を新たに提起され、東アジア共同体構想も実践されていますが、こうした現状に対していかにお考えですか。また、日本がアジアの平和、世界の平和の実現のために、どのような役割を果たしていくべきだとお考えですか。

鳩山　それはいちばん難しい問題です。安倍政権が続くかぎり、安倍政権の行おうとしていることに、言論の面から、あるいは野党の側から、何か歯止めを掛けるということは、事実上難しい状況になっていると思います。

私は安倍政権のやることがすべてノーだと言うつもりは、決してありませんが、しかし根っこの部分で、この国を大日本主義、かつてのような力をもった国家にしていきたいと考えている部分には賛同できません。そのような思いがあるから、アメリカに憧れているところもあるのかもしれません。アメリカにすべて、おんぶに抱っこになりながら、軍事的にも力をもって、そうして政治的な力を行使できる国にしていきたいという思いが、頭から離れないのだと思います。

どなたかに頼まれたのか、安倍さんはトランプ大統領にノーベル平和賞を差し上げたいとおっしゃっているようですが、そこまでアメリカに追従する必要があるのかと思います。あらゆるものを、とにかくアメリカに従って、アメリカの言うとおりになっていれば、この国が幸せなのか、世界が幸せなのかというと、とてもそうとは私には思えません。メキシコとの国境に壁をつくり、非常事態宣言まで出すような異常事態を招いている大統領が、本当にノーベル平和賞なのかという思いもいたします。

もし、北朝鮮からミサイルが飛んでこない平和な状況をもたらしたのだから、ノーベル平和賞にふさわしいと感謝しているのであれば、イージス・アショアはもう要らないし、高価な武器を買うことはやめなさいということになります。

木村　そのとおりですね。本当に矛盾しています。

鳩山　実際はまだ、北朝鮮の脅威を言い続けているわけです。あるいは中国に対する脅威もあおり、南西諸島において自衛隊を強化したり、あるいは辺野古への基地移設を強行しています。

平和を実現しようとしているトランプ大統領の行いに賞賛、賛辞を送りながら、全然それを信じていないのか、一方では、武器をどんどん買っている。買うことで、アメリカを喜ばしたいのでしょうが、このような矛盾した国家づくりは、きわめてお金の無駄遣いだと思います。

そういうお金があれば、東アジア共同体というものを、もっと真面目に構想して、軍事力を高めるのではなくて、対話と協調の方向で、近隣の諸国と、アメリカも含めてですが、常に仲よくできる方法をつくり上げていくことのほうが、本当に安上がりです。そして、その分のお金を社会保障などに回せるわけです。

ただ、それをどうやってやればいいかというと、やはり政治を変えないといけないということです。いまの野党は、ただ単に安倍さんに対抗するために、まとまればいいと考えているふしがありますが、ひとつになればパワーが出るかというと、必ずしもそうではないと思います。

野党が政策を超えてひとつになろうと行動したとしても、国民はそれは選挙対策のためで、自分たちのためではないと見抜いて白けてしまうでしょう。大事なことは、政策を掲げてまとめていく努力をすることです。

安倍首相が大日本主義の復活を目指すなら、それに対抗して脱大日本主義の旗を掲げるべきです。軍事に強い国をつくるのではなく、対話と協調によって周辺諸国に信頼される国をつくるべきです。経済も成長至上主義ではなく、健常な経済にシフトさせ、国民一人ひとりの幸せをいかに向上させるかを目標にすべきです。

大国を目指すのではなく、中規模国家のモデルとなるべきです。その手段として、友愛精神の下に東アジア共同体を構築する必要があると思います。その共同体のなかでは、決して武力による解決は行わせず、対話と協調の外交努力で解決させるのです。

関税同盟のような排他的なものではなく、開かれた共同体にして、アメリカやロシアなどにも参加を求めてよいと思います。その代わり武力行使は許さないと。

英国がＥＵから離脱して、ＥＵの存在価値が揺らいでいますが、私は不戦共同体としてのＥＵや東アジア共同体の意義は、けっして減殺されてはいないと確信しています。

第４章

他国への干渉を続ける「アメリカ例外主義」の時代

オリバー・ストーン×ピーター・カズニック×木村朗

まだヒラリーのほうがましだと言われるトランプ大統領の本当の危険性

木村　ヒラリー・クリントンを破って、トランプ大統領が登場しましたが、トランプ政権については、アメリカや日本、ヨーロッパでも、全面否定的な評価が多いのですが、私は必ずしもそのように全面的に否定すべきものではなく、肯定的な側面もあると思っています。

もし、軍産複合体との関係が強いヒラリーが大統領になったら、戦争が起こされる可能性があったと考えています。その意味では、軍産複合体と距離のあるトランプには、新しい変化が期待できるのではないかと見ています。

オリバー　私は違う見方をしています。トランプは実際に何をしてきたかというと、軍事予算を増やし、海外派兵も増やし、NATOも拡大しています。非常に軍隊が好きなのです。将軍たちを政権に重用し、協力し合っていますし、軍事パレードをやろうと言い出したり、いわゆる準ファシスト的な行動をとっていると言っていいと思います。その意味では非常にニクソンと似たところがあると考えています。

ピーターも私も同意見なのですが、トランプ効果というのはこれまで過大に評価されていて、現実は、言われていたほどではないということです。もう、ブッシュとオバマの路線と同じです。つまり、例外的な大統領であるということはないという結論に私は至っています。

いま、私たちの著書『語られなかったアメリカ史』に新しい章を付け加える作業をしていますが、そこで述べているのは、結局、トランプというのは、２つのことで期待がもてる部分が当初はあったということです。彼が２０１７年の時点で言っていたことは、アメリカは他国の政府を転覆させるようなことはもうしないということと、ロシアと仲よくするということです。この２つにおいて、当初は期待がもてたのですが、実際に彼がやっていることはまったく違っていました。イランに対してはどんどん侵略を進めていますし、朝鮮半島、シリアに対する政策も怪しいものです。ロシアと友好関係を深めるという部分も、全然進んでいません。もうまったく信用できないという結論を、私はいまのところもっています。

ピーター　ヒラリーが軍産複合体と強い結びつきがあるという点では、木村先生のおっしゃるとおりです。ヒラリー・クリントンはネオコンに近い。トランプは選挙キャンペーン中は、ＮＡＴＯは時代遅れだ、海外に基地を置くことは不必要だ、アフガンからも撤退すべきだ、ロシアとも関係改善すべきだと言っていました。しかし、結局やっていることは逆のことばかりです。海外派兵を増やし、ＮＡＴＯとの結びつきはそのままで、ロシアとの関係は悪化していて、核兵器においても削減など進展していません。

トランプは既存の外交に縛られないという点で、イラクやアフガンの問題においても期待されていました。ネオコンに嫌われていた点でも、トランプのほうがヒラリーよりましだと思われていました。しかし現実は軍隊が大好きで、派兵も増加し、イランや朝鮮問題でも必要のない危機を招き、ロシアにとっても危険な存在になってきています。核兵器や軍事力にアクセスできる大統領職には、あまりに無謀で信用ができない人物です。

オリバー　まだ、ヒラリー・クリントンのほうがましかもしれない（笑）。プーチンも、「まだ彼女のほうが信頼できる相手だ」と言っています。ロシアは安定性を望んでいるわけですから、何をするかわからないトランプにそれほど好感をもってはいません。トランプは、イラン問題でも締結した条約を破棄したり、何をするかわからない信用できないところがある。

木村　オリバー監督は、プーチン大統領と直接お会いして映画もすでにつくられていますが、プーチンとはどのような人物ですか。

オリバー　とても落ち着いた、バランスの取れた人で、感情的になることはほとんどありませんでした。これは柔道家であるからなのか、いまでも、１週間に６日は柔道の稽古をやっているということで、バランス感覚という点ですばらしいものがありました。

ピーター　ロシアの私の友人が言うには、初期のトランプはまだしも、現在のトランプは酷いということです。ヒラリー・クリントンは悪だが、まだ何をするかが予

想できる。プーチンも言っていたのは、ヒラリー・クリントンは安定しているから
まだ信用できるということです。

選挙キャンペーン中はヒラリー・クリントンよりは、トランプのほうがよいと思っていたが、最近は違うということです。いまや多くのロシア人が、「予想がつかないトランプよりも、戦争屋のヒラリー・クリントンのほうがまだましだった」と考えていると言っていました。

オリバー　それは誰からの情報ですか。

ピーター　たしか、ヘルシンキの記者からだと。

オリバー　ちょっと詳しく知りたいですね。なかなか信じられないので。

他国への介入を繰り返してきたアメリカがロシアの介入を責める理不尽さ

木村　お二人の言われていることもわかりますが、ただ、その一方で、朝鮮半島問題は、トランプ大統領のイニシアチブで、和解に一歩、動きました。ロシアとの関係改善も、トランプ大統領だけがまだあきらめていないと見ることもできます。そうしたなかで、諜報機関からのリークによるメディアや野党からのバッシングを、トランプはいまも受けているというふうに考えることもできるのではないですか。

オリバー　その考えには、我々は賛成できません。やはり、先ほど言ったように、まだクリントンのほうが安定しているのでましだと思います。

日本にとっては、朝鮮問題のほうがより身近だから、そのような見方をするのでしょう。それが、日本が世界から孤立しているという見方につながるのだと思います。

木村　ロシアゲート疑惑については、どういう評価をなされていますか。トランプは、荒唐無稽ででっち上げだといまでも主張していますが。

オリバー　私はプーチンが言うように、この問題はアメリカの国内問題だと思います。

ピーター　私はやや違う見方をしています。ロシアはハッキングをやったと思います。しかし、どの国もハッキングやスパイ活動をする可能性や力をもっていて、やっています。ロシアだけではなく、中国、アメリカなど、ほとんどの国でやっていることです。アメリカだって選挙妨害を、これまでしてきました。ロシアが選挙妨害をしようと思えば、簡単にできることです。やっていないということを証明することのほうが難しいのです。ロシアが大統領選挙に介入したかと言われれば、多分したかもしれない。しかし、アメリカだってあらゆる選挙介入をしているのです。

オリバー　ピーター、あなたも知っているように、アメリカは何年にもわたってスパイ活動を繰り広げてきていますよね。

ピーター　そう、１９７０年からずっとです。ロシア疑惑はそれほどの大問題ではないのに、「ニューヨークタイムズ」やニューヨーカーたちが騒ぎすぎなのです。絶対に勝利すると思っていた民主党側が、その敗北の結果をロシアに責任転嫁しているということです。ヒラリー・クリントンは実際、酷い候補者でした。それが選挙で負けた理由ではないと言いたいのでしょう。

クリミア問題で策動したのはアメリカである

木村　プーチン政権に関連してですが、先般のクリミア問題について、ロシアが一方的にクリミアを併合、侵略したということで、現在、アメリカ、ヨーロッパによって経済制裁が行われていますが、この点についてはどのようにお考えになっていますか。

オリバー　まぁ、言葉の使い方ですが、「ロシアがクリミアを侵略した」と言われていますが、クリミアというのは、もともと1954年までロシアに所属していたところです。以前から、条約、協定によってロシア兵が2万人ほどいたところです。ソ連時代、当時のフルシチョフ政権が、ウクライナに譲渡したという歴史的経緯がありますが、もともとクリミアはロシア領で、その歴史は1854年のクリミア戦争までさかのぼるのです。

ロシアはキエフでのクーデターに反応したのです。そしてもうご存じのとおり、そのクーデターはアメリカが起こしたものです。それによってウクライナをＥＵやＮＡＴＯ賛成派にするというような狙いがアメリカにはあったのです。これまでアメリカが他国にやってきたことと同じことがなされたのです。それを、あたかもロシア軍が侵攻したかのような大事にしているのです。

ピーター　１９８０年代、ロシアはウクライナなしでは弱体化するということで、西側の長期的戦略として、ウクライナをロシアから引き離すことによってロシアを弱体化することが目論まれてきました。イギリスの「ファイナンシャル・タイムズ」でもそれは述べられていて、そのような西側の長期的、意識的な努力が実を結んだということです。人民が立ち上がってクーデターを起こしたということになっていますが、そうではありません。ヤヌコビッチ政権はデモが起きたことで大統領選挙を実施することを決めたのですが、クーデターが起こり結局転覆させられたのです。ビクトリア・ヌーランド国務省国務次官補が「ＥＵなんかくそくらえ」と電話で発言し、アメリカの陰謀が暴露されたのですね。ヌーランドはネオコンのリーダーであるロバート・ケーガンの妻です。世界が見ていることと、真の現実がどうであったかは異なります。プーチン大統領があの行動を取らざるを得なかったのは理解できます。クーデターはロシアにとっては打撃です。ウクライナはロシアにとって地政学的にとても重要だからです。

オリバー　アメリカはいつまで、このような世界の信用を失うようなことを続けるのか。みんな、何が起こっているのかを知っていますよ。１９５４年時点でのグアテマラやイランなど、自国の利益のために他国の政権を転覆させるような、そういう好き勝手なことをアメリカはいつまで続けるのでしょうか。そして、その裏側を知っていながら、いつまでＥＵのメンバーは、そのようなアメリカの愚行に協力し続けるのでしょうか。

朝鮮戦争が、いまの日本の対米従属を決定づけた

木村　ここで日本の問題、沖縄の問題について、少しお聞きしたいと思います。

２０１３年にお二人で日本に来られて、広島、長崎、沖縄などに行かれたと思います。私も長崎でのシンポジウムでご一緒しましたし、東京でお二人は鳩山先生ともお会いになっていますよね。そのときにオリバー監督が発せられたメッセージで、非常に重要だと思うのが、「日本はなぜアメリカの属国であり続けるのか」、というものでした。「日本はドイツのように、なぜ独立、自立ができないのか。日本人よ、立ち上がれ」、というメッセージであったと思いますが、この点をもう少しご説明していただきたい（オリバー・ストーン、ピーター・カズニック、乗松 聡子 共編『よし、戦争について話をしよう。戦争の本質について話をしようじゃないか』金

曜日、を参照）。

オリバー　結局日本は、ドイツと同じようにアメリカの占領という経験をして、再教育をされていったわけですが、マッカーサーに屈服して、彼を天皇のように扱ったわけです。「偉大なる英雄」として扱いました。マッカーサーは憲法を日本に与えたという面はありましたが、結局は逆コースで、戦犯を牢獄から解放し、日本を反共の砦、反ロシアの協力者として使っていったのです。

ですから、朝鮮戦争によって、その後の日本の道筋ができてしまったのです。１950年代の朝鮮戦争によって、世界はさらにおかしな方向に行ってしまいました。日本もアメリカも軍産複合体の利益の方向に動いていってしまったのです。その意味で、朝鮮戦争というのは、悲惨なうえに非常に重要な戦争でもありました。もちろん、朝鮮戦争でもっとも責任を負うべきはアメリカだと思います。日本はそれに協力させられたし、朝鮮戦争で、結局、日本の朝鮮半島における親日派が利用されて、左派の人たちや、教師や自由主義者が虐殺されたり、弾圧されたりすることも起こりました。

ピーター　日本の占領においてアメリカはまず検閲を強めました。というのも戦前や１９４５年の終戦時に、左翼の動きがあったからです。共産主義革命の発生を防ぐ必要があった。日本の国会でも当時、ソ連を解放者として見る西側諸国の動きについて懸念して討議しています。マッカーサーが独裁者として君臨し、厳しい検閲のもとでは、そのような動きについての討議や原爆についての討議がなされることはありませんでした。ＣＩＡが自民党を設立し、日本の政権として支援し、コントロールを強めていったわけです。そうして、日本はアメリカの隷属国家となっていくわけです。

日本人は戦後、反戦の感情が強かったのですが、ＣＩＡや米国政府のコントロールによって次第にその感情も取り除かれました。岸信介総理や佐藤栄作総理を通じて従属政権の色合いが強くなり、政治は指導的要素よりも体制順応主義的要素が強くなっていきました。日本の民主主義運動としては、知識人による大正デモクラシーもありましたし、ソ連の共産主義に共感する動きもありました。また、ベトナム戦争時には、強い反戦の動きもありましたが、大きな傾向としては日本はアメリカの独裁と共存するという方向でここまできました。

日本人には強い反戦の感情があったのですが、それを恐怖という要素で崩壊させていったのです。戦後、ドイツよりも強いアメリカのコントロールがあったのです。米軍基地や米軍は日本を守り、日本は核の傘が必要なのだという認識、沖縄の米軍基地は必要なのだという認識に、それはつながっていったのです。結局、ドイツとの違いという意味では、立ち上がらない、疑問をちゃんと口にしないといった体制順応主義的な日本人の国民性みたいなものも相まって、アメリカへの従属が深まっていったのではないでしょうか。

沖縄の運動が、世界各国の反米軍基地運動の先頭にいる

木村　オリバー監督が撮られた映画『スノーデン』は日本でも上映されましたが、そのなかで、日本人への監視がすでにアメリカ、あるいは日本政府によってなされており、もし日本がアメリカから離れようとすれば、埋め込まれたマルウェアが作動して日本が大きな打撃を受けることになるという警告をスノーデン氏がしていますね。

オリバー　本当は検閲や監視などもする必要がないのです。なぜなら、結局、日本でもアメリカでもメディアと政府が、このことは国民に知らせないと決定をすれば、それはもう誰にも語られないで終わってしまうのですから。その証拠に、このマルウェアの問題は、日本で大問題になっていないですよね。

サイバー戦争について重要なのは、イランが非常に標的にされたということです。しかしそのことも、ほとんどの主要なメディアは話題にしませんでした。イランへのサイバー攻撃が暴露されるのに数年かかっていますからね。

1990年の湾岸戦争以来、戦争の真の状況については、あまり報道されてはいません。いま、イラン、中東や、北朝鮮に、サイバー攻撃が仕掛けられていますが、証拠をつかむことが難しいこともあって、なかなかそれはメディアでは語られません。

ピーター　北朝鮮のミサイル実験が何度か失敗したようなときがありましたが、それはサイバーアタックのせいだったかもしれないと私は思っています。

私としては鳩山さんに聞いてみたい。このスノーデンのマルウェアの件もそうですが、なぜ、米軍基地の移設問題で、「最低でも県外に移設」といった政策を実現できなかったのか。どうして、もっと強く反論し、立ち上がれなかったのか。そして、何を恐れたのか。この問いはオバマにも同様に投げかけたいものです。なぜ、ケネディのように行動することをせず、何を恐れたのか。

木村　鳩山政権は、普天間基地の「国外移設、県外への移設」で努力・模索をしますが、結局は挫折・崩壊しました。そして安倍政権になって、いま、辺野古の新基地建設なども強行されようとしています。この経緯について、どう見てらっしゃいますか。

ピーター　仲井真知事が埋め立て承認をした、あの大浦湾は自然が豊かなたいへん美しい場所で、それを埋め立ててオスプレイなどが常駐する基地を建設することに沖縄の人々は強く反対していました。しかし、米国は進めようとしています。

私たちが在沖米国領事館でマゴビー領事に会ったときに、「なぜ沖縄なのか」と聞いたのです。平和を維持するために、沖縄には中国や朝鮮に近い地理的戦略的な意義があると彼は答えました。沖縄の20％は米軍基地に占領されています。日本に常駐する50％以上の米軍がこの小さな沖縄に集中させられています。この現状に沖縄の人たちは果敢に抵抗し、反対してきています。沖縄の人たちは、米軍の存在に何年も何年もずっと反対してきたのです。翁長知事は亡くなる前に、やっと私たちが待ち望んでいた承認撤回をしました。彼は立ち上がって、「辺野古の新基地建設は許さない、これ以上の基地建設を許さない」と宣言したのです。問題は、これからどうなるかです。これからの知事選でどんな候補を沖縄の人たちが知事として選出するのか、進歩的な人物が選ばれるかどうかです。オリバーと私は、2013年に沖縄で稲嶺名護市長と会いましたが、彼も進歩的な人物で二人とも感銘して彼が市長選で再選されるよう支持した経緯もあります。ですから、そのような私たちが信頼するような進歩的な人が知事選で選ばれることを願っています。問題は、近い知事選で、沖縄の人たちがこれまでの選挙で何度もやってきたように、立ち上がって反基地の意志を示す知事を選ぶかどうかです。自民党は沖縄の選挙においてかなり強い運動を展開してきました。知事選でも介入してくるでしょう。

ですから、必要なのは、沖縄の人たちが立ち上がるだけでなく、それを支える国際的な支援です。なぜなら、沖縄問題は沖縄だけの問題ではないからです。それは国際的な問題です。沖縄は世界の反基地運動の先頭に立っているのです。ですから、沖縄の人たちの反基地運動は、米国民にとっても、朝鮮の人たちにとってもたいへん重要なのです。世界のあちこちに米軍基地はあります。米国はいまだに800もの基地を世界にもっています。沖縄の運動が世界に展開する米軍基地の削減に貢献することになるのです。

（※この対談のあと、２０１８年９月に行われた沖縄知事選で、翁長知事の意志を継ぐデニー・玉城氏が史上最高得票という圧倒的多数の支持を得て当選した）

今後、沖縄問題はどうなるか

木村　オリバー監督、カズニック先生との仲介をしていただき、今回の通訳もしていただいている乗松聡子さんにもひと言いただきたいです。乗松さんは、「ピース・フィロソフィーセンター」の代表で、琉球新報でも『乗松聡子の眼』というご自身の連載をもっていて、沖縄の声を世界に向けて発信されている方でもあります。

乗松　いま、カズニックさんが、沖縄の闘いだけではなく、世界に展開されるアメリカの覇権主義、世界的な米軍基地、そのネットワークに対する闘いだとおっしゃっていましたが、私もそのとおりだと思います。

私も２００９年以来、ジャパンフォーカスの仲間たちと、とにかく沖縄問題を国際化し、世界に発信し、世界の声も沖縄に届けるという活動をしてきました。その結集が『沖縄は孤立していない　世界から沖縄への声、声、声』という本ですが、２０１４年初頭に行った１０３人の海外識者声明を琉球新報社も認めてくれて、この声明行動が池宮城秀意記念賞という賞をいただきました。

別に賞をいただいても、辺野古の基地が止められているわけではありませんし、とても心苦しくはありますが、この賞をきっかけに、さらに沖縄を世界に発信していこうと考えています。

私はオール沖縄運動に関しては、支持はしながらも、いろいろと課題はあると思っています。翁長知事が亡くなり、賛美の声ばかりが上がっていますが、人として悼むことと、政治家として冷静に評価することは別のことだと思っています。やはり翁長知事が、埋め立て承認を撤回するとは言いましたが、実際にはなかなか撤回をしませんでした。いま、まだ埋め立て承認されたままですから、土砂投入がこのままだと始まります。

だから今度の知事選にあたっては、やはり何らかの妥協をした候補を立てるのか、それとも本当に基地をなくし、沖縄を平和にする候補者にするのか。また、米軍基地の問題ばかりですが、自衛隊基地、離島の戦争準備の問題も同じぐらいか、それ以上重要だと私は思います。

木村　私の話をオリバー監督、カズニック先生に通訳していただいた与那覇恵子さんにも、沖縄の女性の立場からひと言お願いします。与那覇さんは名桜大学の先生で、地元の2紙（琉球新報と沖縄タイムス）にたびたび寄稿されている論客でもあります。

与那覇　いま、反戦、反基地の立場にいて、沖縄や日本、それぞれの場所で自分自身をマイノリティと感じている方が増えてきているのではないでしょうか。沖縄はまさにマイノリティですし、しかもその沖縄のなかでも、弱者でありながら、結局、強いもののほうについていってしまう人たちがだんだん出てきてしまっています。どうせお上に盾突いても無駄だとあきらめて、どうせやられるのならお金を貰ったほうがいいんじゃないかと考える人たちも出てきてしまっています。反戦、反基地を闘っていこうとしている人たちが、マイノリティになりつつあるのではと最近、心配しています。沖縄は今後どう闘っていけばいいのかという葛藤を抱えていると感じます。

翁長知事の「イデオロギーよりアイデンティティ」という言葉が、私も含め、多くの人の共感を呼んだのはそんなときでした。意見の差は多少あったとしても、みな、ウチナーンチュ（沖縄人）じゃないか。沖縄人なら反戦でまとまれる。彼は、「沖縄なら革新系だけでなく、保革すべてが反戦、反基地で一緒になれる、そこでまとまろうじゃないか」と考えて実行した、初めての自民党政治家ではないかと思います。

そのような考えになったきっかけは、オスプレイの反対デモを本土でやったときだったと言われたりしていますね。彼はもともと保守系政治家、自民党の政治家としてやっていたのですが、その彼が「オスプレイの配備には反対だ」と沖縄県内の市町村長とともに本土各地でデモをして声を上げたとき、沿道に並んだ多くの人たちから、「売国奴」、「非国民」などと罵られ続けた。そのときに「自民党政治家として政権に賛成してきたのに、これまで自分がしてきたことは何だったのだろう」と思ったのではないかと私は思うのです。それがターニングポイントとなって、

「イデオロギーよりもアイデンティティ」に変わったのだろうと推測するのです。沖縄の人たちがまとまってマジョリティになれば、ものすごい力になると考えたのでは。だから、意見の違いを超えて沖縄のために一緒にやろうと訴えた。

でもやはり、共産党から自民党までいろいろな意見の人たちがひとつの組織に入って団結して運動を継続していくということはなかなか難しいですよね。いま沖縄は、その苦しさを経験しながら「オール沖縄」として頑張っている最中なのだと思います。

もうひとつ。米軍の占領下にあった沖縄から見た日本という国は、とてもすばらしい国に見えました。日本に戻れば平和憲法を享受できると思いました。戦後ずっと米軍占領の治外法権下で民主主義も自由も享受できなかった沖縄から見て、敗戦後の復興した日本は、平和憲法をもつ民主的な国として憧れの対象でした。ところが、1972年の復帰前後から明らかになってきたのは、結局本土復帰は、沖縄の日本化ではなく、日本の沖縄化が明確になっただけじゃないかということでした。復帰時に一部の沖縄の人たちがそのように言っていましたが、そのことが日に日によくわかってきました。白日の下にさらされ始めたのは、結局日本も完全に独立はしていないし、程度の差はあれ、沖縄と一緒だったという事実です。『戦後史の正体』を孫崎享さんが著したときに、私は沖縄で言っていたんです。「日本の米国隷属なんて、復帰前から沖縄の人はみな、知っているよ」と。「中学生の私でも知っていたよ」と。

しかし、孫崎さんのすごいところは、元外交官として、具体的な資料をもとに公に大々的に発言したことでした。私が彼を本当に尊敬するのは、いままで日本本土では、そういう人はいなかったからです。沖縄では常識的なことが、日本本土では通じなかったのです。それを彼は発信してくれた。そしてそれに続いて、心ある人たちが、同様の指摘をするように次第になってきました。そのような流れのなかで、いま、沖縄は二重の植民地支配（under the double-colonization）の下にあるということも、さらに明確になってきています（悲しい事実ですが）。沖縄や日本の自立のためにも、明確になってきた日本におけるアメリカの軍国主義、帝国主義をそろそろ自覚すべきときなのではと思います。

映画監督と歴史家が協同する強み

木村　そもそも、カズニック先生とオリバー監督は、いつからのお付き合いですか。カズニック先生がアメリカン大学にオリバー監督をゲストとして呼んでいたという話はお聞きしたことがありますが。

ピーター　１９９６年、「オリバー・ストーンのアメリカ」というベトナムについてのコースを創設したんです。それ以前から、教えている別のコースで、オリバーの映画、特にベトナム戦争の映画を、よく使っていました。

非常に強力な映画ですよね。そして96年からは、それに特化したクラスを設けようということで、「オリバー・ストーンのアメリカ」というコースをつくって、第二次世界大戦から１９９６年くらいまでをカバーしました。『ＪＦＫ』や『プラトーン』、『7月4日に生まれて』などの映画を使いました。あと、『天と地（Heaven & Earth)』、これはベトナム3部作の3番目の作品です。

１９８０年代には、エルサルバドルが舞台の『サルバドル』という映画がありま す。90年代以降では、『ウォール・ストリート』、『ナチュラル・ボーン・キラーズ』、『ニクソン』などの映画です。

この「オリバー・ストーンのアメリカ」コースでは、いろいろなゲスト・スピーカーを招きましたが、例えばベトナム関連では、元国務長官だったロバート・マクナマラを招きました。

木村　それはすごいですね。

ピーター　すごい人たちです。「ペンタゴン・ペーパーズ」の執筆にかかわったダニエル・エルズバーグ。ウォーターゲート事件の調査報道を行ったボブ・ウッドワードといった非常に有名な人たちを招いて、そこで映画の解釈について、クラスで話し合うのです。オリバーの解釈や、自分の解釈、ゲスト・スピーカーたちの解釈など。そのような盛りだくさんのクラスでしたから、アメリカン大学でももっとも人気のあるコースのひとつでした。

1996年、このコースにオリバー・ストーンをゲスト・スピーカーとして招きました。たいへんな数の新聞社、テレビ局などが来て、最初の15分から30分だけは取材を許可して、そのあとはオリバーと私と学生たちとでディスカッションを行いました。その後、オリバーと夕食をとりながら話していて、私がヘンリー・ウォレスや、広島原爆投下のことなどについての映画をつくったらどうかと提案すると、オリバーは、それはすばらしいアイデアだということで同意してくれました。

木村 それがこの『もうひとつのアメリカ史』というシリーズ、一連の作品になるわけですね。

ピーター そうです。結果的に。

オリバーが私の提案に乗り気だったのは食事のときだけの話かと思っていたのですが、ロサンゼルスに帰った彼から翌日電話が来たのです。私は真剣だ、映画のもとになるアイデア、原案を書いてほしいと言ってきました。そこで原案的な文章を、結局、30ページも書いてしまって、それをオリバーに送ると、とても気に入ってくれて、この原案を買い取りたいということになりました。彼はそれを、プロの脚本家に書き直させて、映画にしたいと言ってきたのです。

そこで、私の友だちに、ハリウッドのエージェンシー、代理業をやっているウィリアム・モリス・エージェンシーの副社長がいて、その人を通じてオリバーと交渉をしました。その結果、私自身が実際に脚本を書くことになったのです。また、歴史的な監修も行うことになりました。

実際、私は脚本を書きましたが、オリバーの事務所の人たちには好評でしたが、オリバー本人からは、自分にとっては少々、急進的すぎる内容だということで、映画の製作費用もなかなか準備できなかったこともあり、そのプロジェクトはいったん棚上げになりました。

しかし、それ以来、オリバーとはとても親しくなり、私のクラスに定期的にゲスト・スピーカーとして来てくれるようになりました。それも、航空費やホテル代をオリバー自身が負担して来てくれています。

そのような友人関係を続けているなかで、2007年後半、ワシントンDCにオリバーが来て一緒に夕食を食べたときのことです。

その食事の場で、オリバーと歴史や政治の話になり、オリバーが「ピーター、やろうじゃないか。1時間ぐらいのヘンリー・ウォレスや広島や冷戦についてドキュメンタリー映画をつくろうじゃないか」と提案してきたのです。

2週間後にニューヨークで会ったときには、1時間のはずだったドキュメンタリー映画が、オリバーの頭のなかでは、もうすでに10時間にわたる、10回にも及ぶシリーズ物として出来上がっていました。当初は1年か、1年半ぐらいでつくれると考えていましたが、結局、完成するまでに5年間かかってしまいました。全12話のエピソードになって、これは本にもなりました。最初は気軽に読めるような、275ページぐらいの本のつもりだったのですが、結果的に800ページの本になってしまい、そのうちの100ページは、脚注なのです。脚注だけで100ページ分もあるような本になってしまいました。

いま、2012年から2018年、過去6年の出来事を新しい章として加えて、第2版を出す準備をしています。プラス160ページで、全900ページになりますよ。

木村　いまのお話を聞いて、オリバー監督とカズニック先生との出会い、そして、この『もうひとつのアメリカ史』という本、あるいはドキュメンタリーができる経緯がよくわかりました。お二方の出会いは、非常に幸運かつ運命的な出会いだったと思いますし、ある意味、時代が求めている必然でもあったのでしょうね。

ピーター　私たちのコラボの強みは、ひとりは歴史家、もうひとりは映画監督であるということです。映画監督としては、どのように緊張感や興味、関心を維持させるかといったドラマティックな演出の部分に長けています。一方、歴史家としては、もっと学問的な、事実関係やエビデンス（証拠資料）、討議されるポイント、解釈や分析などを厳格にする必要があります。その意味で、私たち二人は補完し合っている関係なのです。

木村　そのとおりだと思います。

ピーター　オリバーの手にかかると一話一話に起承転結があって、クライマックスがあり、感情移入もできる。ドキュメンタリーは経験そのものなのですね。自分が脚本を書いたにもかかわらず、ドキュメンタリーとして出来上がったものを見ると、オリバーのナレーションや音楽も入り、非常にドラマティックな演出がされていて、とても引き込まれます。そこは、本とはまったく違いますね。

日本人への疑問

オリバー　ここに、３人の日本人がいるからお聞きしたい。１９６５年に初めて日本に来たときから、日本人はとても丁寧で、行儀正しく、お客さんを非常に丁寧に扱うとわかりました。これは第二次世界大戦前からそうなのですか。日本人はそういう人たちなのでしょうか。

木村　戦前のことは私には体験がないのでよくわかりませんが、礼儀正しさということでは、戦前のほうがさらにそうだったのではないでしょうか。

オリバー　もし日本人が昔から行儀正しい人たちだったら、戦時中の行為、特に連合軍の捕虜たちにした行為については、どう説明しますか。どうしてあんなに残酷になれたのでしょうか。あのように簡単に人が変われるのかということが、私にはどうしても疑問なのです。

木村　２０１３年の長崎でも、オリバー監督が同じ質問をされたことを、よく覚えています。

私は、やっぱり集団になると、ヒステリックな行動に走りやすいというのが、戦争のときの日本人のあり方だったと思います。ただこれは日本人だけではなく、韓国がベトナム戦争に参戦したときも、同じような状況があったと聞いています。

だから平時で個人のレベルで親切なのと、戦時に集団で狂気に走るのは、区別する必要があると思います。日本人の軍隊だけが特別であったということなのか、私はよくわかりません。

オリバー　マスヒステリアというふうに呼ばれるものですね。

木村　もうひとつ、理由として考えられるのが、本当の意味での正義の戦争だったら、私はそんなに残虐行為はしなかったと思うのです。侵略戦争・侵略行為だったからこそ、そのようなことが起こったのではないでしょうか。ロシア革命でも、中国革命でも、反革命軍とは違って赤軍や人民解放軍はそんな残虐行為はしなかったと思います。ベトナム戦争でもベトナム軍・ベトナム人はそんなことはしなかったということが大事な視点だと思います。

オリバー　連合国軍捕虜の収容所で看守を務めた日本軍の兵士などが、非常に残虐なことをしたと、捕虜だった西洋人の回顧録などで読んだりします。なんでそう簡単に人が変われるのかが不思議なのです。看守を務めた兵士は大勢いたと思いますが、生き残ったそのような兵士たちは、のちに回顧録等を書いたりして、後悔の念を示したりしていますか。

木村　そのような方は非常に少ないと思います。例外的に南京大虐殺など中国での日本軍の虐殺事件にかかわって生き残った方が回顧・証言したりしています。ただ、残念ながら、そうした証言は一般の方にはほとんど知られていません。

乗松　私もその質問にお答えしたいと思います。私は日本人のなかには自分たちを優秀な民族と見なす自民族至上主義（ethnocentrism）があったと思うのです。

オリバー　それは第二次世界大戦前の話ですか。

乗松　そうです。第二次世界大戦前の話です。19世紀以降の話です。

オリバー　では、私が１９２０年にこのホテルを訪ねたとしたら、どのような迎え方をされたのでしょう。いまと変わらず礼を尽くして迎えてくれたでしょうか。

乗松　もちろん、そうだったと思いますよ。ある程度の民主主義は根付いていましたからね。

オリバー　自民族至上主義とおっしゃいましたが、白人を下に見ていたということですか。

乗松　いえ、そういうことではありません。少し複雑で、日本人はアジアの他民族を見下してはいたけれども、欧米の人間に対しては、見下す対象ではありませんでした。脱亜入欧といった思想がありました。

ピーター　やや複雑だったのですね。歴史学者で日本研究の第一人者のジョン・ダワーが『War without Mercy』のなかで言っているように、戦時中はアメリカ人の日本人に対するイメージが劣った民族、猿のイメージだったように、日本人もアメリカ人に対し同様な見下したイメージをもっていたということです。戦時中はアメリカ人を見下していたと思いますが、戦前はそうではなかったということだと思います。

乗松　つけ加えさせていただくと、日本軍に「戦陣訓」があって、捕虜になることを恥とする価値観があったように、捕虜になった白人を見下すことがあったのではと思います。

オリバー　『戦場にかける橋（The Bridge on the River Kwai）』という映画は日本でも上映されましたか。まぁ、内容的にはそれほどきつい内容ではなかったかと思いますが。

乗松　ええ、内容的にまったくきつい内容ではなかったので、日本でも人気のあった映画です。『レイルウェイ　運命の旅路（The Railway Man）』やアンジェリーナ・ジョリーがつくった『不屈の男　アンブロークン（Unbroken）』は見ましたか。

オリバー　いいえ。

乗松　それらの映画は日本軍の捕虜虐待をかなり忠実に描いていました。

オリバー　検閲にひっかかったりしませんでしたか。

乗松　上演はされたのですが、ある意味、事実上の検閲がありました。特に『不屈

の男　アンブロークン』に関しては、ごく一部の小さな劇場での上映でした。

オリバー　いや、とても気になったんですよ。ホテルの日本人はこんなにも親切で礼儀正しいのにと……。

リチャード・フラナガンという人が書いた、オーストラリア人の日本軍捕虜収容所の体験を書いた『奥のほそ道（The Narrow Road to the Deep North）』という本があるのですが、感動する本です。恋愛の要素も入っています。この本はブッカー賞を取りました。この本を書いたあと、彼は日本を訪ねています。

原爆投下はアメリカの戦争犯罪、憲法九条はアメリカの良心である

木村　アメリカの狂気の象徴が広島・長崎への原爆投下だとすれば、アメリカの良心が日本国憲法のプレゼントではなかったのかと私は見ていますが、その点について、どのようにお考えになりますか。

ピーター　私は原爆投下は狂気というよりも、これは犯罪だと思います。狂気よりもひどい、悪の戦争犯罪です。広島、長崎の人々に何らの理由もなく多大な犠牲を強いたからというだけではなく、トルーマン大統領もわかっていたように、核兵器によって地球上の生命すべてを絶滅させることができるような核の時代に突入させてしまったからです。地球上のすべての生命を絶滅の危機にさらす時代に突入させてしまった、それがトルーマンのやったことなのです。

私たち人間が、過去七十数年間、死なずに生き延びてきたのは非常に幸運であったと思うぐらいです。私たちはこれまで何度か核兵器によって人類全滅の危機に直面しました。人間として私たちは、多大な可能性、創造性、愛、友愛、共同体としての利益を共有してきているのですが、同時に私たちは自己滅亡的でもあるのです。地球上の生命をよりよくするため、向上させるためにかけるお金の80倍ものお金を、お互いを殺し合う方法を考えることに費やしてきました。これは、非常に不均衡です。

よく言っていることなのですが、私たち人類は進化の歴史のなかで、自身の精神的向上に1時間半をかけてようやく猿くらいまで進歩を遂げてきていますが、軍事的進歩においては、同じ時間をかけて天才の域に達しているのです。人間的進歩は遅々として進まないのに、軍事的にはものすごい進歩を遂げている。だからこそ私たちは、危機の時代にあると思うのです。

日本国憲法九条はアメリカの良心、人間性を代表するものです。侵略、戦争、軍事、そういうものではなく、この地球上で平和にみなが生きていくための考え方です。ジョン・Ｆ・ケネディ大統領が言ったように、この小さな限られた空間である地球上で同じ空気を吸って生きている者同士、私たちはこれからの私たちの子どもたちの未来を考えるべきであり、お互いを殺し合う方法を考えることに時間やお金を費やすのではなく、そういう共同体としての利益のために時間やお金を費やすべきなのです。

あとがき～解説に代えて

本書の題名は、『もうひとつの日米戦後史』です。この本は、オリバー・ストーン監督とピーター・カズニック先生の共著『オリバー・ストーンが語るもうひとつのアメリカ史』（早川書房、英語版は『Untold American History（語られなかったアメリカ史）』）の日米合作版として位置付けることができます。勘の鋭い読者のなかには、孫崎享著『戦後史の正体』（創元社）や同「戦後再発見」双書の拙著『核の戦後史』、『昭和・平成　戦後政治の謀略史』（詩想社）を思い浮かべた方もおられるかもしれません。

もうひとりの共著者である鳩山友紀夫先生とは、『終わらない〈占領〉：対米自立と日米安保見直しを提言する！』（法律文化社）、『誰がこの国を動かしているのか』、『株式会社化する日本』（いずれも詩想社）、『沖縄謀反』（かもがわ出版）、『沖縄から問う東アジア共同体』、『沖縄自立と東アジア共同体』（いずれも花伝社）などでご一緒させていただいています。

また、本書の鼎談（ストーン監督、カズニック先生、木村）で通訳をしていただいた乗松聡子さんには、ストーン監督、カズニック先生と出された共編著『よし、戦争について話をしよう。戦争の本質について話をしようじゃないか』（金曜日）があります。それはストーン監督が2013年に訪日されたときの講演録をまとめたもので、そこには鳩山先生と私のコラムも掲載されています。乗松さんには、カズニック先生と私の共著『広島・長崎への原爆投下再考─日米の視点』（法律文化社）の通訳・翻訳も担当していただいています。

また、本書の鼎談（ストーン監督、カズニック先生、木村）のもうひとりの通訳者である与那覇恵子さんには、鳩山先生とヨハン・ガルトゥング先生との対談・講演会での通訳だけでなく、その講演録を含む鹿児島大学での講義録（2018年）をまとめた拙編著『沖縄から問う東アジア共同体』（花伝社）出版の際には翻訳もしていただいています。また与那覇さんは、鹿児島大学で2019年に行われたカズニック先生の講義の通訳も担当していただいています。そして、与那覇さんは、乗松さんの編著『沖縄は孤立していない（世界から沖縄への声、声、声。）』（金曜日）の書評（「沖縄タイムズ」）もされています。

以上のことからもおわかりになるように、本書は、これまでいろんな場所で対談、講演会・シンポジウム、出版物などを通じて知り合った6人による共同作品として出来上がったものです。

本書の構成は、第1章、第4章の鼎談（ストーン監督、カズニック先生、木村）、第2章、第3章の対談（鳩山先生、木村）から成り立っています。本書でのストーン監督とカズニック先生の主張はまさに「語られなかったアメリカ史」の核心を突いたものであり、次のとおりにまとめることができます。

・ヘンリー・ウォーレスは当時のアメリカでは突出した反帝国主義・反植民地主義、反ファシズムの非常に進歩的な人であり、もし彼がルーズベルトの4期目の選挙（1944年）の際に不正選挙で敗れることなく副大統領（そして、ルーズベルト死去後は大統領）になっていれば日本への原爆投下もソ連を中核とする社会主義陣営との冷戦も開始されていなかった可能性が高いであろう。

・第二次世界大戦でドイツ軍を打ち負かしたのは通常言われているようなアメリカではなく、実は2700万人もの犠牲者を出しながら戦い抜いたソ連である。
・日本の降伏が広島・長崎への原爆投下によってもたらされたというのは神話・嘘であり、ソ連の対日参戦こそが日本の降伏にとっての決定的要因であった。また日本への原爆投下は、日本を降伏させるためではなく、ソ連への警告のためであった。
・第二次世界大戦後に本格的に開始された冷戦の最大の原因は、ソ連の膨張主義ではなく、アメリカの対ソ敵視政策にある。当時のソ連はアメリカとの友好・平和とアメリカからの援助（200億ドル）を求めていたが、それを一方的に拒否したのはアメリカ側であった。つまり、米ソ対立を創造し、冷戦を仕掛けたのはアメリカであった。
・冷戦の終結をもたらしたのは通常言われているようなアメリカとレーガン大統領ではなく、実はソ連とゴルバチョフ大統領であったというのが歴史的事実である。
・現代アメリカ史においては、次のような5つの大きな歴史的転換点があったと指摘できる。

(1)ヘンリー・ウォーレスがルーズベルト大統領の4期目に挑んだ民主党全国大会で民主党幹部による不正選挙によって副大統領候補に選ばれなかった時点(1944年7月)

(2)日本への原爆投下が日本政府の降伏への動きを知ったうえで意図的に強行された時点(1945年8月、マンハッタン計画と日本への原爆投下=アメリカの欺瞞大国化の始まり)

(3)冷戦終結に動こうとしていたケネディ大統領が暗殺された時点(1963年11月)

(4)冷戦終結後に起こった湾岸戦争(1991年1~2月)と米国防総省で作成されたDPG(国防計画指針)の草案「ウォルフォウィッツ・ドクトリン」(1992年2月)が策定された時点(アメリカの新たな「欺瞞に満ちた歴史」、「平和を唱えて人を欺く歴史」の始まり=NATO拡大はゴルバチョフとの約束破り・裏切り、パパ・ブッシュ政権によって提起された「新世界秩序（新パクス・アメリカーナ）構想」）

（5）9・11事件とそれを理由として「テロとの戦い」（＝「見せかけの戦争」）が発動された時点（その前年に「アメリカ新世紀プロジェクト〈Project for the New American Century, PNAC〉」によって公表された「アメリカ防衛再建計画」にも注目）

こうした指摘は、従来のアメリカ史ではほとんど触れられてこなかった「アメリカ帝国の闇」、「不都合な真実」を明らかにしたものであり、これまでの通説や常識を大きく覆すものであると言えます。

特に注目されるのが、「ディープ・ステート（闇の政府：国家内国家）」の存在への言及と「アメリカ例外主義」の危険性への警鐘、そして、恐怖で国民を動かすやり方の欺瞞性への告発です。

まず、「ディープ・ステート」の存在ですが、ストーン監督は原爆投下の責任者であるグローヴス将軍を取り上げて、「彼は非常に強硬派で、トルーマンのことをアメリカの意思決定に関われない人物だと評していました。そして、意思決定はディープ・ステート（Deep State）がするのだと言っていたのです」、「トルーマンは、その既定路線に乗っかっていただけの人であって、ディープ・ステートのシステムとして、ソビエトを威嚇するために、原爆は開発されていたからです」という重要な指摘をしています。

それとの関連で、ストーン監督は、軍産複合体とは何かと問われれば、「beast（ケダモノ）」という言葉が真っ先に頭に浮ぶと述べ、「そのケダモノというのは、ウォール街でもあり、メディアであり、軍産複合体でもあります」と「ディープ・ステート」の存在そのものを語っています。そして、１９６３年11月22日にテキサス州ダラスで暗殺されたケネディ大統領は、「冷戦を終わらせ、軍産複合体を何とかしたい、そういったビジョンももっていたわけです」という重要な証言も行っています。

ストーン監督は、「アメリカ例外主義というのは、神は我々に味方しているという考えです。危険ですよ。日本の天皇中心主義、日本のナショナリズムと似ている。

ヒトラーと同じで、アメリカ例外主義というのも、それが核心です」、「アメリカが抱えている恐怖というものは独特で、アメリカ例外主義でもあり、自分自身の影におびえているようなものです」と述べ、「アメリカ例外主義をここまで批判したのは、ピーターが初めてだった」とカズニック先生の功績も強調しています。

一方、カズニック先生は、恐怖で国民を動かすやり方の欺瞞性について、ヘンリー・ウォーレスの「いま我々に必要なことは、鉄のカーテンや恐怖をあおり戦争の競争をすることではなく、人間性を高める政治をどのようにすれば実現できるかということであり、なすべきは平和構築の競争である。すべての過ちの根源は恐怖だ。ロシア人への恐怖、共産主義への恐怖、そのような恐怖を伝えていけば後の世代が血の犠牲を払わなければならないことになる」という演説を取り上げて、恐怖で人（国民）を動かすやり方が現在でも行われていると強調し、「恐怖をあおって、脆弱さにおびえる人々をコントロールするという、アメリカと非常に似たようなことが日本でも起こっているのではないでしょうか」と日本の国民に問いかけています。

また、マンハッタン計画と日本への原爆投下がアメリカの欺瞞大国化の始まりであり、アメリカが国防至上国家（ナショナル・セキュリティー・ステート）になる先駆けであったことを明らかにしています。「マンハッタン計画というのは、ドイツも日本もアメリカの市民も知らなかった。誰も知らないあいだに、誰も知らないところ、水面下で進められていました。それは戦後のマッカーシズムなどにもつながります」、という重要な証言を行っています。そして、日本への原爆投下が実は、「アメリカ例外主義終焉の始まりです。アメリカが素晴らしい国だという例外主義、その神話崩壊の始まりです。（なぜなら）原爆投下の裏にある背景を知れば、そんな神話なんてすぐに崩れてしまいます」とも語っています。これが、まさにストーン監督が言う「アメリカのジレンマ」に他なりません。

それでは次に、ストーン監督とカズニック先生という二人のアメリカの論者への私のインタビューを踏まえて後日に行った鳩山友紀夫先生との対談の内容に移りたいと思います。

鳩山先生の主張は、『誰がこの国を動かしているのか』や『株式会社化する日本』（いずれも詩想社）などでも示されているようにきわめて明解です。鳩山先生はストーン監督とカズニック先生が歴史の真実を突き詰めようとしていることに対して共感を示すと同時に、ヘンリー・ウォレスが「もし大統領になっていれば、少なくとも原爆投下のようなことにならなかった」、「ヘンリー・ウォレスが大統領になれなかったことで、本当にアメリカを大きく変えてしまったのだ」と述べています。

また、オバマ大統領が平和への志向を生かせなかったことを取り上げて、「彼の思いは成就できず、結局、大きなパワーによって潰されてしまうということは、アメリカの歴史はもちろん、日本においても、また、あらゆる国の歴史においてもあることです」と指摘しています。ここで触れている「大きなパワー」に関連して、「やはり現実のアメリカの政治を動かしているのは、その表面的な大統領の存在ではなく、闇の政府、いわゆるディープ・ステートと彼らが呼んでいるものが、確かにあるのではないか」という認識を披露しています。

そして、「戦後、間もないころに軍産複合体に対して、（アイゼンハワー）大統領が抱き始めた恐れは、いまだにずっと続いていて、アメリカを通じ、世界を苦しめていると言えます」、「実際、軍産複合体との戦いのなかに、いま、トランプ大統領もあるのではないかと思います」というきわめて注目すべき発言を行っています。

原爆投下についても、戦後の米軍占領中にそれを唯一批判した政治家である祖父・鳩山一郎の日記を取り上げて、「やはり、ソ連参戦が多くの国民にこれでダメだという衝撃を与えたのだと思います」、「ソ連参戦が日本のポッダム宣言受諾を決定づけたと言ってもいいのでしょう」と語っています。

冷戦については、「スターリンの時代も、スターリンの死後も、ソ連の基本的な考え方は、いかにアメリカと協調して、世界をお互いにリードしていくかという発想であったと思います」、「共産主義に対する極端な嫌悪感を背景にして、アメリカがソ連が強くなりすぎることを恐れ、反共同盟のような形で世界をリードして、結果として冷戦構造をつくっていったと私も思います」と明確に述べています。

そして、「私はプーチンにしても本当は、アメリカと戦おうとは決して考えていないと思っています。例えば、NATOにしても西側が東方に拡大しない約束だったはずですが、それを守らずに拡大してきているのはアメリカです。そのような現実を見ても、冷戦をまさに開始させていったのは、アメリカ、西側陣営の発想だと思っています」と述べて、冷戦を開始してそれを拡大したのはソ連ではなくアメリカであったという評価を下しています。

アメリカの例外主義とアメリカの恐怖については、「神によってというのは、自分を正義であると正当化するための屁理屈です。大統領の就任式の宣誓のときには、まさに神によって授権されたように見えますが、決してアメリカが真の神によって授権された国家だとは私には思えません」、「アメリカが自分自身の影に脅えるというのは自分自身がいかに神の御心に沿わないことをしているかに気づいているからこそ、脅えるのだと考えます」と述べ、「私はアメリカ自身が脅威、恐怖をつくり上げているのだと思います」と結論づけています。

このように鳩山先生自身の認識・評価の多くは、ストーン監督やカズニック先生と重なり合っている部分が多いことに読者は気づかれるでしょう。それは同時代の歴史的事実を日米両国のそれぞれの論者（鳩山先生、ストーン監督、カズニック先生）が日米双方の視点・立場から見て語ったものであり、3者が多くの点で同じ価値観・問題意識を共有しているからです。

私自身も9・11事件やトランプ大統領、ロシアゲート疑惑問題などで多少の見解の相違はあると言え、鳩山先生、ストーン監督、カズニック先生の3者とこの鼎談・対談で取り上げられた多くの重要な問題で同じ認識・評価を基本的に共有していることはもちろん言うまでもありません。特に鳩山先生とは、「対米追従」によって隠された日本現代史の真実、市民革命のように見せかけて他国の政権を転覆する常套手段、報道されないウクライナ・クリミア問題の真相、総理大臣もままならない「対米従属構造」の実態、鳩山政権とトランプ政権の類似点、安倍総理により極限まで対米従属が進んだ日本、などの問題をともに語り合うことを通じて、多くの共通点を見いだせたことをうれしく思っています。

最後に、本書は当初、4人（ストーン監督、カズニック先生、鳩山先生、木村）の座談会を予定していましたが、座談会数日前に、米軍基地問題を訴え続けた翁長雄志沖縄県知事が死去（2018年8月8日）され、急遽鳩山先生がそのお葬式に参列されることになったため、2回の鼎談（ストーン監督、カズニック先生、木村）と、1回の対談（鳩山先生、木村）をあとからまとめるという形となりました。

しかし本書の内容は、共著者の４人が知己の間柄であったこともあり、間接的とはいえ４人の座談会を直に行ったものと同様に仕上がっていると思います。また、２回の鼎談・対談が行われてから思っていた以上に時間がかかりましたが、このような形で本書を無事に出版できたことを執筆者一同、うれしく思っています。

この場をお借りして、厳しい出版事情のなかで本書を世に出していただいた詩想社の金田一一美社長に心から感謝いたします。

※ 本書を閉じるにあたって、カズニック先生とストーン監督が『語られなかったアメリカ史（Untoled American History）』のなかで発掘・再発見された「アメリカの良心」とも呼ばれる稀有な政治家であるヘンリー・ウォーレスを讃える喜納昌吉さんの詩（山崎サラさんの英訳）をご紹介させてください。

２０２０年２月28日　釜山（大学）での半年間の滞在を終える前日に

企画提案者　木村　朗

《 I LOVE AMERICA 》

知ってるかい　ヘンリー・ウォーレスを

アメリカの心を拾った男

知ってるかい君たち　世界中の誰からも愛される男

真の勇気を持った男

彼はあらゆる神々の世界の海を泳ぐことができた

あらゆる肌の色から赤い血を燃え上がらすことができた人

大地の魂と大空の愛を知っていた

アメリカを愛する人達よ

さあ　勇気を持って心の中に飛び込んでごらん

お前達は思い出しその魂を拾えるはずだ

アメリカの心　それは Four　Colour

虹に溶けたハート　アメリカをこよなく愛した男

その男ヘンリー・ウォーレス

亀の島　アメリカの姿を知る男

世界はそのようなアメリカを待っている

I　LOVE　AMERICA　I　LOVE　AMERICA

(作詞：喜納昌吉)

I love America

You know a man named Henry Agard Wallace?
The man who saved the American Spirit.
Don't you know him, who's loved by the people of the world,
The brave man who had the true courage.
He could being swimming the worldwide ocean, where all different gods and
goddesses lives.
The man set the fires in the heart of the resistance, to the people with variety of skin colors.
He know the soul of the soils of the grounds, and the love of the earth.
People Who love America, let's have a courage to jump into the oceans of the heart.
You all can save your souls, once you remember this spirit.
What makes the American spirit, is the four colors.
The heart melts into rainbows, that's love of Henry Wallace demonstrated, the man
who loved America.
He knew the land of America, called as the Turtles' Island.
The world knows America, the time used to know as the Turtles' Island.

I love America, I love America.
（翻訳：山崎サラ氏）

（通訳者略歴）

乗松聡子（のりまつ　さとこ）

『アジア太平洋ジャーナル：ジャパンフォーカス』エディターとして、人権・社会正義・歴史認識・戦争責任・米軍基地・核問題等について、日英両文で研究・執筆・教育活動を行う。東京出身、高校時代を含みカナダ西海岸に通算25年在住。「ピース・フィロソフィーセンター」代表。『沖縄の〝怒〟―日米への抵抗』（法律文化社）、『沖縄は孤立していない』（金曜日）などの著書がある。2018年に第2回『池宮城秀意記念賞』を受賞。

与那覇恵子（よなは　けいこ）

1953年、沖縄県生まれ。沖縄・名桜大学元教授。詩誌「非世界」、「南溟」会員。沖縄女性詩人アンソロジー「あやはべる」にも参加。主な著書に、政治評論集『沖縄の怒り―政治的リテラシーを問う』、詩集『沖縄から見えるもの』、英訳詩集『SMALL WORLD 井上摩耶』（いずれもコールサック社）などがある。初詩集『沖縄から見えるもの』で第33回福田正夫賞を2019年に受賞。

（著者略歴）

オリバー・ストーン　OLIVER STONE
1946年、ニューヨーク市生まれ。アメリカの映画監督・脚本家・映画プロデューサー。ベトナム戦争で陸軍兵として従軍した経験をもとに、代表作『プラトーン』と『7月4日に生まれて』で戦争の非人間性を暴き、アカデミー賞監督賞を2度受賞した。さらに、『JFK』、『ニクソン』では、米国の政治の暗部を描き、『ウォール・ストリート』では資本主義の腐敗を告発した。新作には『スノーデン』、『オリバー・ストーン オン プーチン』などがあり、現状肯定派の間で物議をかもしながらも、監督としてタブーに挑み続けている。

ピーター・カズニック　PETER KUZNICK
1948年、ニューヨーク市生まれ。アメリカン大学歴史学教授、同大学核研究所所長。長期にわたって反戦や社会正義のための活動に携わってきた。1995年以来、同大学の学生を引率して広島・長崎への学びの旅を続けている。日本での著作に『広島・長崎への原爆投下再考』（法律文化社）、『原発とヒロシマ』（岩波ブックレット）などがあり、『もうひとつのアメリカ史』のドキュメンタリーフィルム12巻をオリバー・ストーンと共著している。

鳩山友紀夫（はとやま ゆきお）
1947年生まれ。一般財団法人東アジア共同体研究所理事長。公益財団法人友愛理事長。東京大学工学部卒業、スタンフォード大学工学部博士課程修了。1986年初当選。93年細川内閣で官房副長官を務める。2009年民主党代表、第93代内閣総理大臣に就任。政界引退後は東アジア共同体の構築を目指し、友愛を広めたいという思いで、由紀夫から友紀夫に改称し執筆や講演活動などを行っている。著書に『脱 大日本主義』（平凡社）などがある。

木村 朗（きむら あきら）
1954年生まれ。鹿児島大学法文学部教授。日本平和学会理事、東アジア共同体・沖縄（琉球）研究会共同代表、国際アジア共同体学会常務理事。『危機の時代の平和学』（法律文化社）、共編著『沖縄から問う東アジア共同体』、『沖縄自立と東アジア共同体』（花伝社）、『20人の識者がみた「小沢事件」の真実』（日本文芸社）、共著『誰がこの国を動かしているのか』、『株式会社化する日本』（詩想社）、『沖縄謀叛』（かもがわ出版）など著書多数。

詩想社
— 新書 —

32

もうひとつの
日米戦後史

2020年 4 月17日　第1刷発行

著　　者　オリバー・ストーン 鳩山友紀夫
ピーター・カズニック 木村朗

発 行 人　金田一一美
発 行 所　株式会社 詩想社
〒151-0073　東京都渋谷区笹塚1—57—5 松吉ビル302
TEL.03-3299-7820　FAX.03-3299-7825
E-mail info@shisosha.com

D T P　中央精版印刷株式会社
印刷・製本　中央精版印刷株式会社

ISBN978-4-908170-27-0